谨以此丛书献给
内蒙古自治区文物考古研究所成立60周年

内蒙古文化遗产丛书

巴彦淖尔文化遗产

内蒙古自治区文物考古研究所　编

文物出版社

责任编辑　王　伟
责任印制　梁秋卉

图书在版编目（CIP）数据

巴彦淖尔文化遗产 ／ 陈永志，吉平，张文平主编；
内蒙古自治区文物考古研究所编． ─北京：文物出版社，
2014.8
　（内蒙古文化遗产丛书）
　ISBN 978-7-5010-4055-1

　Ⅰ.①巴… Ⅱ.①陈… ②吉… ③张… ④内… Ⅲ.
①文化遗产－介绍－巴彦淖尔盟 Ⅳ.①K292.62

　中国版本图书馆CIP数据核字(2014)第165001号

巴彦淖尔文化遗产

编　　者　内蒙古自治区文物考古研究所
出版发行　文物出版社
地　　址　北京市东直门内北小街2号楼
邮政编码　100007
网　　址　www.wenwu.com
邮　　箱　web@wenwu.com
制版印刷　北京燕泰美术制版印刷有限责任公司
经　　销　新华书店
版　　次　2014年8月第1版第1次印刷
开　　本　787×1092　　1/16
印　　张　21.25
书　　号　ISBN 978-7-5010-4055-1
定　　价　310.00元

序言

　　美丽富饶的内蒙古自治区位于祖国的北部边疆，环境优美，气候宜人，自古以来就是人类繁衍生息的好地方。特定的地理位置、区域特点与生态环境，形成绚丽多姿、丰富多彩的物质文化遗产，造就了博大精深的草原文化。由内蒙古自治区文物考古研究所编纂的这套《内蒙古文化遗产丛书》，将分布在内蒙古自治区各地的物质文化遗产以盟市为单位编列成书，系统地向社会展示，显示了内蒙古自治区文化遗产的突出优势，这在当今"弘扬社会主义先进文化，推动社会主义文化大发展大繁荣"的新形势下，无疑具有重要的现实意义。

　　内蒙古自治区历史悠久，文化积淀深厚。草原地区人类的历史最早可以追溯到旧石器时代，这是草原文化的滥觞时期。在内蒙古呼和浩特东郊发现的大窑旧石器时代遗址，发现了石器制造场与其他的人类遗迹，将内蒙古地区人类的历史提升到了50万年。另外，在内蒙古其他地区还发现了距今5万年至1万年的"河套人"以及"扎赉诺尔人"，由此证明了中国北方的内蒙古自治区也是人类的重要起源地之一。新石器时代至青铜时代是草原文化形成的重要阶段，以赤峰红山命名的红山文化，是这一时期草原文化的核心。在内蒙古地区相继发现的兴隆洼文化、赵宝沟文化、富河文化、庙子沟文化、小河沿文化、朱开沟文化、夏家店下层文化等一系列草原考古学文化，使得中华民族文化呈现出"多源辐辏"、"百花齐放"的繁荣局面。秦汉、魏晋之际是草原文化快速发展的重要阶段。位于阿拉善盟的居延遗址群是中国西部地区重要的汉代边疆城市遗址，以出土"居延汉简"著称于世。呼和浩特地区和林格尔的盛乐古城遗址是内蒙古中南部最大的都城遗址。呼伦贝尔市鄂伦春自治旗的嘎仙洞遗址，发现北魏太平真君四年（443年）的石刻祝文，证明了此处是鲜卑贵族的"先祖石室"、拓跋鲜卑的发祥地。这些重要的文化遗产是中国历史上多民族文化碰撞、融合、升华的实物见证。辽金元时期草原文化达到了空前的繁荣与昌盛。内蒙古东部的赤峰、通辽历史上是辽王朝的京畿地区，契丹人的政治中心所在。在这一地区分布有辽上京、辽中京两大都城，还分布有辽祖陵、辽怀陵、辽庆陵三大皇族陵寝，以及轰动世界、闻名遐迩的辽陈国公主墓、吐尔基山辽墓。元代的内蒙古地区是东西文化交流的主阵地，"草原丝绸之路"东端的重要起点。元上都遗址是中国北方草原地带最大的元代都城遗址，御天门、大安阁、穆清阁等重要建筑遗迹，真实地再现了元代皇城的宏伟规模，极大地彰显了元上都遗址的突出价值，是内蒙古自治区极为珍贵的世界文化遗产。位于乌兰察布市的集宁路古城遗址，考古发现了一处完整的市肆遗迹及多处器物窖藏，出土了釉里红玉壶春瓶、青花梨形壶、卵白釉"枢府"铭盘、青釉龟形砚滴、青釉荷叶盖罐等大量完整瓷器，以及其他珍贵瓷器标本上万件，堪称中国的"庞贝城"。另外，内蒙古自治区也是我国古代岩画资源最为富集的地区，以阴山岩画、曼德拉山岩画、乌兰察布岩画最为典型，岩画总量多达十万余幅，时代纵跨上万年，这是内蒙古草原地区现存最为壮观的古代艺术画廊。此外，内蒙古自治区还拥有当今世界上保存最长、辐射面最广、影响最为深远的特殊文化线路——长城。全区共查明有战国燕、战国赵、战国秦、秦代、西汉、东汉、北魏、隋代、北宋、金代、西夏、明代修筑的长城墙体7570公里，有与长城相关的马面、敌台、烽燧、障城、关堡等各类遗存近万处，其附属遗址的数量、跨越的时代及墙体长度，都位居全国第一。这些林林总总的物质文化遗产都是内蒙古自治区珍贵的文化资源，是草原文明的重要实物载体，也是草原文化薪火相传的实物例证。

《内蒙古文化遗产丛书》以草原地区古代民族活动遗留下来的物质文化遗产为具体研究对象，对人类的生产生活、社会生活、精神生活进行"时"、"空"、"人"三维的全方位考察研究，以期对草原民族物质生活、精神生活以及制度体系进行客观定位，进而揭示社会文化的发展状况，人类文明的历史进程。人类起源问题是当今世界十大科学课题之一，草原人类从何而来？草原文明从哪发端？这也是困扰当今学术界的重大问题。内蒙古草原地带大窑遗址、萨拉乌苏遗址、金斯太洞穴遗址、扎赉诺尔遗址等一系列旧石器时代文化遗存的考古发现，证明中国北方草原地带的内蒙古自治区同样也是人类的重要发祥地之一，其学术意义是不言而喻的。而古代文明的起源与形成也是世界学术界倍加关注的课题之一。近年来，随着内蒙古文化遗产保护、发掘与研究工作的深入开展，广泛分布在蒙古草原地带的一些古代遗址与墓葬逐渐地被揭露与发现，不同历史时期的文物精品大量破土面世。特别是位于内蒙古东部地区红山文化遗址的考古发现，证明了中华民族文明的源头可以追溯到草原深处，内蒙古同样也是中华文明曙光升起的地方，草原文化与黄河文化、长江文化三位一体，已经构成了中华民族历史文明的三大主流文化。中华民族多元一体文化格局的建构，草原文化功不可没。

草原文化之所以有着如此强大的生命力与感召力，还在于她的开放性、包容性与文化内涵的博大精深。内蒙古自治区位于欧亚大陆的东端，蒙古高原的南部，作为世界历史上著名的"草原丝绸之路"，这里是东西文化交流的重要长廊，也是游牧文明与农耕文明交融和碰撞的特殊地带。特殊的区域位置与人文环境，创造了种类繁多、规模宏大、保存完好的城市文化遗产。在内蒙古自治区分布有北魏的盛乐都，辽代的上京城，元代的上都、黑城古城等中外闻名的城市遗址，围绕着这些大遗址，群星点点地分布着各类古代文化遗存，构成了草原丝绸之路商品交换的大通道，东西文化传播的主干线。

所以，分布在内蒙古自治区这些林林总总的物质文化遗产，反映了草原文化的庞大内涵，是草原文明最为直接而又形象的体现。文化是多元的，中华民族文化是多民族文化碰撞、融和、升华的结果，草原文化是中华民族文化构筑的一个重要板块，深化草原文化研究，考察草原文化的发展演进轨迹，探索草原文化与华夏文化碰撞、融合的历史进程，对于进一步弘扬中华民族文化具有重要的历史意义。

习近平总书记指出：一个国家、一个民族的强盛，总是以文化兴盛为支撑的，中华民族伟大复兴需要以中华文化发展繁荣为条件。中华优秀文化是我们民族永不褪色的名片、永不贬值的"硬通货"。同时要求我们要系统梳理传统文化资源，让收藏在禁宫里的文物、陈列在广阔大地上的遗产、书写在古籍里的文字都"活"起来。这是对我们文化工作者的一个总体要求，也是我们文化遗产保护事业发展的一个总方针。目前，内蒙古自治区的文化遗产保护事业蓬勃发展，草原文化研究欣欣向荣，重大考古发现层出不穷，学术研究成果斐然，文化遗产保护工作得到了社会的普遍认同，在弘扬中华民族传统文化、增强国民凝聚力与向心力、建设社会主义和谐社会等方面发挥着不可替代的重要作用。作为展示草原文化遗产的点睛之作，《内蒙古文化遗产丛书》以研究内蒙古文化遗产为主要内容，旨在进一步弘扬草原文化，传承草原文明，这是这套丛书付梓的重要意义。

是为序。

内蒙古自治区党委常委　宣传部部长

2014年7月25日

目录

前言

陈永志

内蒙古自治区位于中国北方草原地带，作为世界上著名的"草原丝绸之路"，历史文化积淀深厚。目前已初步查明有各类文物遗址点2.1万余处，全国重点文物保护单位141处，自治区级重点文物保护单位319处，盟市旗县级别的文物保护单位700余处。这些林林总总的物质文化遗产，构成了草原文明的主体，展现出草原文化发展的完整脉络，是内蒙古自治区极为珍贵的文化资源。如何有效地利用这些丰厚的文化遗产，将文化遗产资源转化为强大的发展优势，这是我们每一个文物考古工作者所肩负的历史重任。党的十八大提出"两个一百年"的奋斗目标和实现中华民族伟大复兴"中国梦"的战略构想，而夯实中华文化的根基，展示中华文化的精粹，张扬中华文化的辉煌，是建设社会主义文化强国的根本，也是奔向"两个一百年"奋斗目标和实现中华民族伟大复兴"中国梦"最为有效的途径。

内蒙古自治区多草原、山地、沙漠的自然环境特点，使得历史上遗留下来的大量文物古迹完整地保存至今。内蒙古文化遗产的特色与优势就是地下埋藏文物丰富，文化内涵深厚，草原特色鲜明。近期，内蒙古自治区党委、政府提出了"8337"的发展思路，将内蒙古自治区建设成"体现草原文化、独具北疆特色的旅游观光、休闲度假基地"作为文化发展的战略目标，其主旨就是要充分发掘文化资源，彰显内蒙古自治区突出的文化资源优势，丰富草原文化的内涵。而文化遗产则是草原文化的主要承载体，是草原文明最为形象直观的体现。所以，对内蒙古自治区文化遗产的深入发掘、研究与展示，是弘扬草原文化、传承草原文明、建设民族文化强区的实际需要。

中华民族文化是多民族文化碰撞、融和、升华的结果，草原文化是中华民族文化的重要组成部分，而文化遗产则是草原文化的精粹，也是草原文化的核心内容。因此，对草原文化遗产的深入发掘与研究，对于提升草原文化在中华民族文化中的历史地位具有重要的意义。中华民族素以"声色文物之邦"著称于世，具有悠久的历史与光辉灿烂的文化。中华文化的特点首先是连绵不断，其次是多元一体，再次是具有鲜明的民族特色。世界上没有任何一个国家像中国一样，具有自旧石器时代起，历经新石器时代、青铜时代、铁器时代、历史时期直至近现代这样一个衔接完整的历史发展脉络，更没有一个国家的文化像中国的文化一样包罗万象、博大精深、源远流长，这也是中华民族之所以屹立于世界民族之林的一个重要原因。内蒙古自治区位于蒙古高原的南端，是草原丝绸之路的主干线，东西文化碰撞、交流的枢纽地带，中华民族文化以此为平台，向周边地区传播，从而推动了世界文明的发展。所以，草原文化在构建中华民族多元一体文化格局的过程中具有重要的作用，而构成草原文化核心内容的就是这些丰富多彩的草原文化遗产，这是内蒙古自治区重要的文化资源，也是建设民族文化强区强大的"软实力"。

习近平总书记指出：宣传阐释中国特色，要讲清楚每个国家和民族的历史传统、文化积淀、基本国情不同，其发展道路必然有着自己的特色；讲清楚中华文化积淀着中华民族最深沉的精神追求，是中华民族生生不息、发展壮大的丰厚滋养；讲清楚中华优秀传统文化是中华民族的突出优势，是我们最深厚的文化软实力。这是对我们国家文化遗产保护事业高屋建瓴的一个总体要求。近年来，随着内蒙古田野考古工作的深入开展，广泛分布在蒙古草原地带的一些古代城址与墓葬逐渐地被揭露与发现，不同历史时期的文物精品大量破土面世，草原文化的研究进入了一个全新的历史阶段。在新的历史条件下，为了进一步繁荣发展内蒙古自治区的文化遗产保护事业，深入弘扬草原文化，针对内蒙古自治区文化遗产的分布状况与文化特点，我们编写了这套《内蒙古文化遗产丛书》，对内蒙古自治区境内的文化遗产进行深入的发掘、研究与展示，目的就是让这些埋藏在地下的文化遗产充分地"活"起来，以期讲好中国故事，传播好中国声音，为建设内蒙古文化强区尽绵薄之力。

《内蒙古文化遗产丛书》分为《呼和浩特文化遗产》、《包头文化遗产》、《乌海文化遗产》、《赤峰文化遗产》、《通辽文化遗产》、《呼伦贝尔文化遗产》、《鄂尔多斯文化遗产》、《乌兰察布文化遗产》、《巴彦淖尔文化遗产》、《兴安文化遗产》、《锡林郭勒文化遗产》、《阿拉善文化遗产》共12卷本，根据内蒙古自治区的行政区划按盟市为单位分别编写。所介绍的内容为传统意义上的物质文化遗产，空间范围以内蒙古自治区辖境为基本覆盖范围，时间范围为旧石器时代至近现代，具体为不同历史时期遗留下来的古遗址、古墓葬及相关文物，涵盖历史、文学、艺术、语言、宗教、哲学、教育、民俗诸多方面的内容。重点以各盟市所辖范围内的全国重点文物保护单位、自治区级重点文物保护单位和市县级重点文物保护单位为主，同时包括其他未定级别的文物遗址与重要的考古发现，并配以图片及相关佐证材料，力求客观真实。

本系列丛书为内蒙古自治区"草原英才"工程项目成果之一，同时也是献给内蒙古自治区文物考古研究所建所60周年的隆重大礼。我们力求通过本系列丛书将内蒙古自治区境内的文化遗产状况全面、系统、真实地反映出来，为建设发展的内蒙古、繁荣的内蒙古、文化的内蒙古贡献自己的一份力量。囿于编者的学识与水平，本系列丛书难免有这样或那样的不足之处，敬请各位读者批评指正。

内蒙古文化遗产概论

陈永志

内蒙古自治区地域辽阔，呈东北向西南斜伸的狭长形，总面积约118.3万平方公里。在漫长的地质历史演化的过程中，形成了高山、草地、平原、盆地、沙漠戈壁等复杂的自然环境风貌。这些复杂的自然环境，同时也造就了内蒙古地区多元化的人文环境风貌。从旧石器时代的"大窑人"，到新石器时代的"红山人"，再到青铜时代的"夏家店人"，一直到后来的北狄、匈奴、鲜卑、突厥、回鹘、契丹、女真、蒙古等民族，这些草原民族经过世代繁衍生息，交往融合，形成了雄厚的历史文化积淀，造就了博大精深的草原文化遗产。对这些草原文化遗产的突出普遍价值的正确认知，是深入发掘内蒙古自治区文化资源的需要，也是建设文化强区的必要保障。

一 内蒙古物质文化遗产概况

文化遗产包括遗存与遗物两大部分，主要涉及人类社会政治、经济、文化、军事、宗教等诸多方面。遗存主要有古

锡林郭勒盟金斯太旧石器时代洞穴遗址

城市遗址、古墓葬、古建筑等，还有长城、界壕、驿道等复合型的特殊遗址；遗物主要有金银器、青铜器、碑刻、岩画、货币、雕塑、陶瓷、丝织品等。目前已初步查明内蒙古自治区有各类文物遗址点2.1万余处，全国重点文物保护单位141处，自治区级重点文物保护单位319处，盟市旗县级别的重点文物保护单位700余处。这些珍贵的文化遗存，构成了草原文明的主体，展现出草原文化发展的完整脉络。

旧石器时代是草原文化的滥觞时期，位于中国北方的内蒙古自治区同样也是人类的重要起源地之一。目前为止，在内蒙古自治区发现的旧石器时代遗址就达三十余处，其中以呼和浩特东郊发现的大窑遗址、鄂尔多斯发现的萨拉乌苏遗址、锡林郭勒发现的金斯太洞穴遗址、呼伦贝尔发现的扎赉诺尔遗址最为典型。大窑遗址位于呼和浩特市大窑村南，以发现的旧石器制造场及四道沟典型的地层剖面为重要的考古学依据。第一层为表土层，形成于全新世；第二层为马兰黄土层，形成于晚更新世晚期；第三层为淡红色土层，形成于晚更新世早期；第四层至第七层为离石黄土层，形成于更新世中期。在第四层底部发现有肿骨鹿化石，还有远古人类打制的石片、刮削器、砍砸器、石刀和石核等石制品，其时代属于旧石器时代早期，距今约50万年。鄂尔多斯萨拉乌苏旧石器时代遗址，发现于1922年，其后经过多次调查，在此地相继发现了顶骨、额骨、枕骨、股骨、胫骨、腓骨19件化石。其中有六件人骨化石是从晚更新世原生地层里发现的，学术界命名为"萨拉乌苏文化"，属于旧石器时代晚期，距今5万至3.7万年。锡林郭勒盟东

赤峰市魏家窝铺红山文化遗址发掘现场

通辽市哈民遗址清理出土的半地穴房屋基址

乌珠穆沁旗金斯太洞穴遗址，发现了旧石器时代中期晚段到青铜时代的连续地层堆积。在旧石器时代地层中发现了人类用火遗迹，出土了大量的打制石器、细石器、晚更新世晚期的动物骨骼化石等珍贵遗存。经^{14}C测定，距今约3.6万年。金斯太洞穴遗址的考古发现，对北方草原地区旧石器时代中晚期现代人的起源、迁徙、旧石器时代至新石器时代转变机制等方面的研究，都具有十分重大的意义。扎赉诺尔遗址发现于1927年，先后共发现15个个体的人头骨化石及其他化石。该遗址出土有石镞、刮削器、石片、石核等细石器，刀梗、锥、镖等骨器，并出土有夹砂粗陶器残片，同时出土有猛犸象、披毛犀等动物化石，是典型的中石器时代遗址，具体时代距今一万年左右。

在内蒙古自治区共发现新石器时代遗址两千余处，这些遗址主要分布在内蒙古东南部的西辽河流域及内蒙古中南部的黄河流域及环岱海地区。以赤峰红山命名的红山文化，是这一时期草原文化的核心。在内蒙古东部地区相继发现的兴隆洼文化、赵宝沟文化、富河文化、小河沿文化等一系列草原考古学文化，使得中华民族文化呈现出"多源辐辏"、"百花齐放"的繁荣局面。西辽河流域时代最早的新石器时代文化是敖汉旗的"兴隆洼文化"，其后是位于敖汉旗的"赵宝沟文化"和以赤峰红山后遗址为代表的"红山文化"以及以巴林左旗富河沟门聚落遗址为代表的"富河文化"。在通辽市科尔沁左翼中旗发现的哈民聚落遗址，是近期在内蒙古东北地区发现的较为重要的考古发现，被定名为"哈民文化"，也属于红山文化系列。这些考古学文化早到距今约8000年，晚到距今约4000年，以之字纹筒形罐、C形玉龙、楔形石耜为主要考古学文化特点。内蒙古中南部黄河流域及环岱海地区的新石器时代文化，主要属于中原地区的仰韶文化和龙山文化序列。最早的以凉城县王墓山遗址为代表的"王墓山下类型"，其年代大约距今6000年，属于仰韶文化晚期。其后有托克托县的"海生不浪文化"、包头市的"阿善二期文化"、察哈尔右翼前旗的"庙子沟文化"、凉城县的"老虎山文化"等，以彩陶钵、小口尖底瓶、双耳罐为主要考古学文化特点。

内蒙古地区发现的青铜时代遗址有七千余处，其中以夏家店下层文化、夏家店上层文化、大口二期文化和朱开沟文化为典型。夏家店下层文化发现于老哈河及大小凌河流域，以赤峰药王庙、夏家店、蜘蛛山、大甸子遗址，范杖子墓地为典型，其后又有赤峰三座店山城遗址、二道井子聚落遗址等重要考古发现。夏家店上层文化南边老哈河流域以宁城县南山根遗址为代表，北边西拉沐沦河流域以赤峰克什克腾旗龙头山遗址为典型，时间为夏、商至春秋时期。同一时期的考古学文化在赤峰地区还有"井沟子"、"铁匠沟"、"水泉"等文化类型。内蒙古中南部的青铜时代遗址，较为典

赤峰市三座店石城遗址

赤峰市二道井子遗址考古发掘现场

型的是准格尔旗大口村的"大口二期文化"和伊金霍洛旗的"朱开沟文化"。在朱开沟文化的第五段遗存内，发现鄂尔多斯式青铜戈，从而将鄂尔多斯式青铜器的时代上限上溯到二里冈上层文化时期，也就是商代早期。经过考古发掘证明，以"鄂尔多斯式青铜器"为代表的"朱开沟文化"，是属于商周时期中国北方少数民族的文化遗存，其时代下限距今2500年左右。

　　秦汉、魏晋之际是中国历史上各民族走向大一统、大融合的重要历史阶段。秦汉王朝为稳定边疆统治，在内蒙古地区营建大小边疆城镇，并屯垦开发。初步统计，内蒙古地区有秦汉时期大小城镇多达四十余座，目前能够确定其地望的城址主要有以下几例：云中郡为托克托县古城村古城，沙陵县城址为托克托县哈拉板申村东古城，沙南县城址为准格尔旗十二连城城，侦陵县城址为托克托县章盖营子古城，北舆县城址为呼和浩特塔布陀罗海古城，阳原县城址为呼和浩特市郊八拜村古城，武泉县城址为卓资县三道营子村古城，五原郡治所为乌拉特前旗三顶帐房古城，临沃县城址为包头市麻池村古城，定襄郡治所成乐城为和林格尔县土城子古城，桐过县城址为清水河县上城湾古城，安陶县城址为呼和浩特市郊陶卜齐古城，武城县城址为和林格尔县榆林城古城，临戎县城址为磴口县补隆淖乡河拐子古城，窳浑县城址为磴口县沙金陶海保尔浩特城，朔方郡治所三封县城为磴口县陶升井古城，美稷县城址为准格尔旗纳林镇古城，广衍县城址为准格尔旗瓦尔吐沟古城，沃阳县城址为凉城县双古城古城，右北平郡治所平刚县城为宁城县甸子乡黑城古城。这些秦汉时期城市遗址在魏晋南北朝时期继续沿用，成为鲜卑族南迁汉化的重要跳板。其中拓跋鲜卑南下建立的第一座都城盛乐城在今天的和林格尔县土城子古城，是内蒙古中南部最大的城市遗址，而北魏云中宫所在地就在今托克托县古城村古城。围绕着这两座古城，还分布有北魏重要的军事重镇，其中的沃野镇城址为乌拉特前旗苏独仑乡根子场古城，怀朔镇城址为固阳县城库伦古城，武川镇城址为武川旦乌兰不浪乡土城梁古城，抚冥镇城址为四子王旗库图城卜子古城，柔玄镇城址为察哈尔右翼后旗白音查干古城。目前在内蒙古地区共发现有秦汉魏晋时期的文物遗址多达三千余处，东西分布众多的城市遗址是这一特殊历史时期古代内蒙古地区多民族文化碰撞、融合、升华的实物见证。

内蒙古隋唐时期的文物遗址较少，目前初步统计有三百余处，这些文物遗迹也主要以城市遗址为主，目前能够认定其性质的主要有以下几例：隋代朔方郡长泽县城址为鄂托克前旗城川古城，榆林郡治所胜州城址为准格尔旗十二连城，富昌县城址为准格尔旗天顺圪梁古城，金河县城址为托克托县七星湖村古城，五原郡治所丰州城为乌拉特前旗东土城村古城。唐王朝为了加强对北方边疆地带的控制，实行节度使与羁縻州制度，内蒙古地区唐代的城镇多属于羁縻州府。其中振武节度使与单于都护府同驻一城，城址在今和林格尔县土城子古城，东受降城在今托克托县的大皇城古城，胜州城址在今准格尔旗十二连城古城，河滨县城址在今准格尔旗天顺圪梁古城，长泽县城

呼和浩特市和林格尔盛乐古城遗址发掘清理的汉代砖室墓

呼和浩特市和林格尔汉墓壁画——庄园图

在今鄂托克前旗城川古城，白池县城址在今鄂托克前旗二道川的大池古城，天德军城址在今乌拉特前旗陈二壕古城，中受降城址在今包头市傲陶窑子古城，兰池都督府城址在今鄂托克前旗三段地乡的巴拉庙古城，饶乐都督府城址在今林西县樱桃沟古城。这些隋唐时期的城址，大部分保存完好，城内遗迹丰富，出土文物精美。

辽金元时期内蒙古地区的文物遗址最为丰富，多达1.1万余处。这些文物遗址规模宏大，种类庞杂，精品众多，在世界文明史上具有重要的历史地位。位于内蒙古东部的赤峰市辖区，历史上是辽王朝的京畿地区，契丹人的政治中心。在这一地区分布有辽上京、辽中京两大都城，还分布有辽祖陵、辽怀陵、辽庆陵三大皇族陵寝。在辽代，中国北方草原地带开始了大规模的城市建设，据《辽史》记载，辽朝有"京五、府六、州军城百五十六、县二百有九"。目前能够确认的辽代城市遗址有两百余座，其中最为著名的上京临潢府城址在今巴林左旗林东镇，中京大定府城址在今宁城县大明城。除辽代京城以外，还有一些著名的州县城，如龙化州城址为今奈曼旗孟家段古城，永州城址为今翁牛特旗白音他拉古城，武安州城址为今敖汉旗丰收乡白塔子古城，丰州城址在今呼和浩特白塔古城，祖州城址在今巴林左旗石房子古城，庆州城址在今巴林右旗索博力嘎古城，通化州城址在今陈巴尔虎旗浩特陶海古城等。金代城址也多沿用辽代城址，其中北京路城址为今宁城县大明城，武平县城址在今敖汉旗白塔子古城，临满府路城址在今巴林左旗林东镇南古城，长泰县城址在今巴林左旗十三敖包乡古城，西京路所属丰州城址在今呼和浩特市东白塔古城，东胜州城址在今托克托县的大皇城和小皇城，宁边州城址在今清水河县下城湾古城，净州城址在今四子王旗吉生太乡城卜子古城，桓州城址在今正蓝旗四郎城古城，集宁县城址在今察哈尔右翼前旗巴彦塔拉乡土城子古城，振武镇城址在今和林格尔县土城子古城，宣宁县城址在今凉城县淤泥滩古城，天成县城址为今凉城县天成村古城等。金代的城市一般年代跨度较小，规模不显，但同样也被后来的元朝沿用与开发。古代的内蒙古地区是元朝的肇兴之地，此地建有元朝的开国之都——元上都，还分布有一系列的路府州县城市，文物遗迹丰富。世界著名的元上都城址位于今正蓝旗五一牧场内，城垣面积达四平方公里之多，是当时国际性的大都会。以元上都城址为中心，元代的城市遗址可以说是星罗棋布。成吉思汗母亲月伦太后和幼弟斡赤斤在其封地内兴筑的城郭位于今鄂温克族自治旗辉苏木巴彦乌拉古城，成吉思汗二弟哈撒儿在其封地内兴筑的城郭为今额尔古纳右旗黑山头古城，汪古部兴建的德宁路古城为在今达尔罕茂明安联合旗敖伦苏

赤峰市辽代上京城皇城内清理的塔基遗址

通辽市辽陈国公主墓发掘现场

木古城，元代砂井总管府城址为今四子王旗红格尔苏木大庙古城，元代集宁路城址在今察哈尔右翼前旗巴彦塔拉乡土城子古城，净州路城址在今四子王旗吉生太乡城卜子古城，弘吉剌部在其封地内兴筑的应昌路城址为今克什克腾旗达尔罕苏术鲁王城，全宁路城址为今翁牛特旗乌丹镇西门外古城，亦乞列思部兴建的宁昌路城址在今敖汉旗五十家子村，上都路下属的桓州城址为今正蓝旗四郎城，松州城址在今赤峰市红山区西八家古城，兴和路下属的威宁县城址在今兴和县台基庙古城，丰州城址在今呼和浩特市东白塔古城，云内州城址在今托克托县西白塔古城，东胜州城址在今托克托县大皇城，红城屯田所在今和林格尔县小红城古城，大宁路城址在今宁城县大明城，高州城址在今赤峰市松山区哈拉木头古城，兀剃海路城址在今乌拉特中旗新忽热古城，亦集乃路城址为今额济纳旗黑城。这些元代城市遗址呈扇形分布在中国北方的内蒙古草原地带，构成了规模宏大而又自成体系的文化遗产景观，是草原丝绸之路上的重要城市遗址，也是内蒙古自治区文化遗产的核心所在。

二 内蒙古文化遗产资源的特色与优势

内蒙古自治区地域辽阔，多山地、草原、沙漠的自然环境特点，加之人为干扰较少，使得地上、地下文化遗存大部分得以完整地保存下来。所以，内蒙古自治区文化遗产最大的特点是保存完整、种类丰富、精品辈出。特别是近几年，内蒙古自治区重要考古发现不断出现，文化遗产保护事业成绩斐然，现已形成具有民族与地域特色的文化遗产体系，彰显内蒙古自治区文化发展的强势与巨大的潜力。

1972年，在盛乐古城南发现的小板申东汉壁画墓，发现保存完好的壁画56组，57幅，榜题250条，是目前研究东汉庄园制度最为完整的实物资料。1986年，在通辽奈曼旗青龙山发掘的辽陈国公主墓，出土三千多件（组）金、银、玉质地的珍贵文物，

赤峰市耶律羽之墓耳室墓门

赤峰市宝山辽墓壁画《寄锦图》

其中金属面具、银丝网络以及璎珞、琥珀饰件堪称辽代文物之奇珍。辽陈国公主墓的考古发掘，被评为"七五"期间全国重要考古发现。1992年，在赤峰阿鲁科尔沁旗发掘的耶律羽之墓，墓内出土了大量金银器皿及五代时期的珍贵瓷器，其中孝子图纹鎏金银壶、盘口穿带白瓷瓶最为名贵。1994年，赤峰阿鲁科尔沁旗发现一座辽代贵族墓葬，墓室内发现了大面积精美的壁画，主要有《贵妃调鹦图》、《织锦回文图》、《高逸图》、《降真图》，壁画题材丰富，对于研究辽代的绘画艺术提供了弥足珍贵的实物资料。2003年，在通辽吐尔基山再次发现一座保存完好的辽代贵族墓葬，墓内出土有精美的彩绘木棺，棺内墓主人身着十层华丽的丝织衣物，伴出有金牌饰、金耳饰、金手镯及成串铜铃等，另外还发现有鎏金铜铎、银角号、包金银马具等大批珍贵文物，显示了辽文化的繁荣与昌盛。上述三项辽代重要的考古发掘，分别被评为1992年、1994年和2003年度的"全国十大考古新发现"。

2003年，位于乌兰察布市察哈尔右翼前旗集宁路古城，发现了一处完整的市肆遗迹及四十余处器物窖藏，出土了釉里红玉壶春瓶、青花高足碗、卵白釉"枢府"铭盘、青釉龟形砚滴、青釉荷叶盖罐、月白釉香炉等珍贵瓷器三百余件，其他瓷器标本上万件。由此，集宁路古城遗址被评为2003年度"全国十大考古新发现"。另外，内蒙古文物工作者还对元上都遗址进行了大规模的考古勘探与发掘。发掘清理了御天门、大安阁、穆清阁等重要文物遗迹，真实地再现了元代皇城的宏伟规模，极大地彰

显了元上都遗址的突出价值。鉴于元上都的特殊历史地位，联合国教科文组织于2012年将其列入世界文化遗产名录——这是内蒙古自治区第一个世界文化遗产。

2009年，赤峰市二道井子夏家店下层文化遗址的考古发掘，揭露面积3500平方米，清理房屋、窖穴、灰坑、墓葬、城墙等遗迹单位近三百处，出土各类文物近千件，该遗址被评为中国社会科学院2009年度"中国六大考古新发现"和2009年度"全国十大考古新发现"。2010年，内蒙古自治区文物考古研究所在通辽市科尔沁左翼中旗舍伯吐镇哈民芒哈发现了一处距今约5500年前的大型史前聚落遗址。共清理出房址43座，墓葬6座，灰坑33座，环壕1条。出土陶器、石器、骨器、蚌器、玉器等文物近千件。特别重要的是，发现了保存完好的半地穴式房屋顶部的木质构架结构痕迹，为近年来东北地区史前考古的重大发现。哈民遗址的考古发掘由此被评为中国社会科学院2011年度"中国六大考古新发现"和2011年度"全国十大考古新发现"。

内蒙古自治区也是我国古代岩画资源最为富集的地区。在锡林郭勒盟、乌兰察布市、巴彦淖尔市、阿拉善盟、乌海市等地，发现古代岩画十万余幅，以阴山岩画、曼德拉山岩画、乌兰察布岩画、桌子山岩画最为典型，时代纵跨上万年。这些岩画以古阴山山脉为中心，东西横亘几千公里，堪称世界上最长的、内容最为丰富的古代艺术画廊。长城是集系统性、综合性、群组性于一身具有突出普遍价值的世界文化遗产，它是当今世界上保存最长、辐射面最广、影响最为深远的文化线路。在内蒙古自治区

乌兰察布市集宁路古城清理出的市肆大街遗址

境内共分布有战国燕、战国赵、战国秦、秦代、西汉、东汉、北魏、隋代、北宋、金代、西夏、明代修筑的长城。这些长城分布于全区12个盟市的76个旗县，总计长度达约7570公里，单体建筑、关堡和相关遗存总数达九千六百余处。内蒙古自治区的长城资源总量，占到了全国长城资源总量的三分之一，无论是时代之多还是体量之大，在全国16个有长城分布的省、自治区、直辖市中，都是位居第一。

　　与考古发现相辅相成的是一大批珍贵文物的出土。目前全区共有馆藏文物50万件（组），其中国家一级文物1790件，二级文物4050件，三级文物6545件。这些文物时代特征鲜明，民族特色浓郁，是内蒙古自治区重要的文化资源。在内蒙古赤峰地区发现的红山文化碧玉龙，堪称"中华之最"，中华文明的曙光。鄂尔多斯市霍洛柴登出土的匈奴王鹰形金冠饰、虎牛咬斗纹金带饰等珍贵文物，是匈奴贵族单于王的重要遗物。乌兰察布市发现的"虎噬鹰"格里芬金牌饰、金项圈，象征着匈奴王权的尊贵与威严。呼伦贝尔市、通辽市、乌兰察布市等地发现的"叠兽纹"、"三鹿纹"金牌饰以及其他的金冠饰、金带饰等文物，都是鲜卑贵族使用的代表性装饰品。赤峰市喀喇沁旗出土的双鱼龙纹银盘、鱼龙纹银壶、波斯银壶，是唐代"草原丝绸之路"上发现的一批重要文物。辽代陈国公主墓出土的黄金面具、龙凤形玉配饰，耶律羽之墓出土的褐釉鸡冠壶、双耳穿带瓶，吐尔基山辽墓出土的彩绘木棺、鎏金宝石镜盒以及造型各异的瓷器、金器、玉器及装饰奢华的马具等，是辽代文物的精品。元上都遗址出土的汉白玉龙纹角柱与柱础，再现了元代皇家宫城建筑的华丽与辉煌的气势。金马鞍是体现蒙古族游牧与丧葬风俗的绝品文物，具有游牧民族"四时迁徙，鞍马为家"的文化特点，又是蒙古贵族"秘葬"风俗习惯的真实反映。而八思巴字的圣旨令牌，是代表元朝皇权的典型文物，既是传达皇帝圣旨与政令的信物，也是蒙元时期军政合一的政治体制特点与国家驿站制度的综合体现。元代瓷器类文物首推青花、釉里红瓷器，其中以包头燕家梁出土的青花大罐，集宁路出土的青花梨形壶、釉里红玉壶春瓶最为珍贵。这些林林总总的文化遗产是内蒙古自治区珍贵的文化资源，是草原文明的主要实物载体，也是草原文化薪火相传的重要实物例证。

三　充分发掘草原文化遗产的重要意义

目前，内蒙古自治区文化遗产保护事业蓬勃发展，取得了累累硕果。重要的考古发现层出不穷，学术研究成果斐然，有力地保障了内蒙古自治区文化事业的健康发展。文化遗产日益成为促进经济社会和谐发展的重要因素，在弘扬中华传统文化、增

锡林郭勒盟元上都古城穆清阁遗址

强国民凝聚力和向心力、建设社会主义和谐社会等方面发挥着不可替代的重要作用。

首先，文化遗产的发掘研究夯实了草原文化研究的理论基础。内蒙古地区的一系列重大考古发现，极大地丰富了草原考古学文化的内涵。如通过对内蒙古呼和浩特东郊大窑旧石器遗址的考古发掘，发现属于旧石器文化的石器制造场与其他的人类遗迹，相当于北京周口店第一地点的文化面貌，将内蒙古地区人类的历史提升到了50万年；再如红山文化遗址及典型文物碧玉龙的发现，堪称中国第一缕文明的曙光。红山诸文化考古序列的确立，如同中原地区第一次从地层上明确划定了仰韶文化、龙山文化、商文化的时间序列的意义一样，将中国文明的历史从发端到发展的历史脉络勾勒得一清二楚，填补了中国考古学文化的空白，极大地完善了草原文化研究的序列与谱系。

其次，对文化遗产的发掘研究，关系到"两个一百年"奋斗目标和中华民族伟大复兴"中国梦"的实现，也是提高国家文化软实力、建设文化强区的时代需要。文化遗产是一个时代、一个民族文化与文明的物化遗留，是民族文化的精粹，是人们唯一能够看得到、摸得着的文化实体，具有无可比拟的感召力与影响力，也是人类社会可持续发展的重要因子。因此，文化遗产也是人类社会重要的文化资源，对其进行深入

阿拉善盟曼德拉山岩画《狩猎图》

的发掘研究，既是对优秀民族文化的继承与认知，也是为建设文化强区提供精神动力与智力支持。所以，将丰富的文化遗产资源优势转化为强大的发展优势和发展动力，在文化建设上实现新的跨越，这也是提升国家文化软实力、建设文化强区的迫切需要。

再次，对文化遗产的发掘研究，是让文化资源惠及民众的必然要求及有效途径，也是文化大发展、大繁荣的时代需要。文化遗产是国家重要的文化资源，承载的信息量丰富，知名度高，对社会的影响巨大，是丰富人民精神世界、增强人民精神力量的重要介质。人民群众是文化遗产的所有者、鉴赏者和传承者，文化遗产保护必须依靠人民群众，文化遗产保护成果也必须惠及社会，融入社会，为民造福。文化遗产是中华民族文化的结晶，也是中华民族多元一体文化格局的实物见证。弘扬社会主义先进文化，增强全民族文化创造活力，推动文化事业全面繁荣发展，这就是我们实现文化遗产价值的现实需要，也是我们要保护、弘扬文化遗产的根本目的。

巴彦淖尔市文化遗产综述

张红星

巴彦淖尔市位于内蒙古自治区西部，处于华北与西北的连接带上，在北纬40°13'~42°28'、东经105°12'~109°53'之间。巴彦淖尔系蒙古语，意为"富饶的湖泊"，因境内有著名的淡水湖乌梁素海以及众多的湖泊而得名。该市北依阴山与蒙古国接壤，南临黄河与鄂尔多斯市隔河相望，东连包头市，西邻阿拉善盟及乌海市。全市总面积6.44万平方公里，辖临河区、五原县、磴口县、乌拉特前旗、乌拉特中旗、乌拉特后旗、杭锦后旗，聚居着蒙、汉、回、满、达斡尔等20多个民族，截止至2010年总人口达176万人。

一 巴彦淖尔市自然环境及资源概况

巴彦淖尔地区北部为高原、中部为山地、南部为平原。阴山山脉横亘巴彦淖尔市中部，它像一道天然的屏障，使其南北形成了截然不同的自然景观。从阴山北麓至中蒙边界为高原，面积约3万平方公里，海拔1000~1800米，地势南高北低，为广漠无垠的天然草牧场——乌拉特草原。中部阴山山脉由东向西分为乌拉山、色尔腾山、狼山。最高峰为狼山主峰呼和巴什格山，海拔2335米。阴山南麓至黄河北岸为河套平原，海拔1018~1050米，面积约1.6万平方公里，地势平坦，由西南向东北微倾，土地肥沃，渠道纵横，灌溉便利，是国家和自治区商品粮、油、糖生产基地。

巴彦淖尔属中温带大陆性季风气候，光照充足，热量丰富，年平均日照时数为3110~3300小时之间，是中国光能资源最丰富的地区之一。降水量稀少，年平均降水量100~300毫米。与降水量相比，年平均蒸发量却高达2032~3179毫米。无霜期短，平均无霜期为96~136天。年平均气温3.7~7.6℃。气温年较差是33.4~37.3℃，气温日较差平均为13~14℃。

巴彦淖尔市水资源丰富，黄河自东向西横贯全区，流经磴口县、杭锦后旗、临河区、五原县、乌拉特前旗，境内全长345公里。多年平均过境水流量为315亿立方米。境内湖泊资源较为丰富，有大小湖泊300多个，面积约4万7千公顷，面积在100公顷以上的湖泊就有10个，其中位于后套平原东端的乌梁素海面积3万公顷。

巴彦淖尔地区土地肥沃、自然资源丰富，被誉为"黄河明珠，塞上江南"。同时地下有丰富的恐龙化石资源，是我国北方重要的恐龙化石产地之一，还素有"恐龙之乡"的美誉。

巴彦淖尔地区历史悠久，文化底蕴丰厚，生息繁衍在这片土地上的古代先民创造了灿烂的河套文化和多彩的草原文明。经全国第三次文物普查统计，巴彦淖尔地区有不可移动文物遗址点528处[1]，其中全国重点文物保护单位5处（包括遗址群），自治区级重点文物保护单位24处（包括遗址群），市县旗区级文物保护单位157处。贯穿巴彦淖尔全境的阴山山脉不仅是一条重要的地理分界线，而且是一条不同经济文化类型的分界线，阴山以北以狩猎经济类型诸文化为主，阴山以南以黄河流域粟作农业经济类型诸文化为主。

二　巴彦淖尔市历史与沿革

早在新石器时代这里就有了人类活动，主要集中在阴山以南河套平原的乌拉特前旗、乌拉特中旗、乌拉特后旗和磴口县的一些地区。1927～1935年，中瑞西北科学考察团在巴彦淖尔地区的乌拉特中旗、乌拉特后旗进行考察时，发现了大量细石器、磨制石器以及彩陶、红陶、灰陶、黑陶片等，其时代推测为距今8000～3000年[2]。20世纪80年代全国第二次文物普查时发现约10处新石器时代文化遗存，如乌拉特中旗的其呼勒石器遗址（旧称达格图遗址）[3]、乌拉特前旗的石羊场遗址、东公忽洞遗址、六大股遗址、小佘太遗址、增隆昌遗址[4]等。21世纪初进行第三次文物普查时又发现遗址近30处。这些遗址中均发现有细石器和陶片，陶片中还见有彩陶。这些彩陶不论是器形还是纹饰风格，都与中原地区仰韶文化的彩陶近似，与原始农业密切相关，而石叶、石核等细石器所体现的则是本地区典型的文化风格，与狩猎、采集经济密切相关。同一遗址两种文化因素的遗物共存，反映了该地区同中原地区在新石器时代的仰韶文化时期就存在直接或间接的文化交流，说明仰韶文化因素溯黄河北上向东北方向的岱海地区传播的同时，还向西北方向的后套地区进行文化渗透。在新石器时代，巴彦淖尔阴山以北地区是以狩猎、采集经济为主，个别地区产生了原始农业；在阴山以南地区除狩猎、采集经济外，人们已经开始定居，并进行农业生产。

青铜时代至早期铁器时代巴彦淖尔地区有工方、猃狁、北狄等民族在活动。这一时期该地区遗存相对较少，全国第二次文物普查时发现不足40处，集中分布在阴山山脉及北部的磴口县、乌拉特后旗、乌拉特中旗的一些地区，绝大多数为岩画。20世纪60年代，地质部门在乌拉特后旗调查时发现霍各乞铜矿遗址。1984年全国第二次文物普查时进行调查和登记。90年代在1号矿床上又发现一处直径5米、深2米的古矿井，遗留有石锤、石臼等工具及动物骨骼，文物部门征集到部分实物标本。1994年内蒙古自治区文物考古研究所与巴彦淖尔盟文物工作站组成联合考古队，对发现的3个炼炉进行了抢救性考古发掘[5]。霍各乞铜矿为内蒙古地区两大青铜文化系统之一的内蒙古中南部青铜文化提供了铜料来源。

战国以来，在这里匈奴、林胡、鲜卑、突厥、回鹘、党项、契丹、蒙古等民族繁衍生息，与汉民族共同创造了辉煌灿烂文化，留下了大量文物古迹。

战国时期赵国云中郡管辖达到阴山南，林胡、楼烦等民族游牧于阴山北。巴彦淖尔地区发现的该时期遗存极少，除长城外的其它遗存在乌拉特前旗、乌拉特中旗、乌拉特后旗零星分布。《史记·匈奴传》记载："赵武灵王亦变俗胡服，习骑射，北破林胡、楼烦。筑长城，自代并阴山下，至高阙为塞。"[6]如今在乌拉山南麓发现的长城遗迹就是战国时期赵武灵王二十七年（公元前299年）所建的赵长城，是迄今发现最早的长城遗迹，并留有高阙塞[7]。乌拉特前旗的三顶账房古城为巴彦淖尔地区最早的战国时期建造的古城遗址，城址规模宏大，面积达120万平方米，有学者认为该城为战国九原郡故城[8]。战国末年，当中原诸侯互相争霸、无暇北顾之际，匈奴又乘机南下，占据了阴山南北一带及河南地。1979年，在乌拉特中旗呼勒斯太河岸清理墓葬3座，出土了一些青铜器等，为战国时期匈奴文化遗存[9]。

秦朝建立以前，匈奴活动在阴山以北地区。秦朝建立后，为了加强边境防御，始皇二十六年（公元前221年）分天下为三十六郡，将九原升为九原郡。"因河为塞，筑四十四县城临河，徙适戍以充之。而通直道，自九原至云阳"[10]。其中临河县治即在今巴彦淖尔临河区东北乌加河南[11]。"筑长城，因地形，用制险塞，起临洮，至辽东，延袤万余里"[12]。现巴彦淖尔市阴山北坡之上的石砌长城遗迹就是秦将蒙恬所建，修筑时因地制宜，山上用石头垒砌，平地多用夯土，境内长300多公里，是现存长城中保存最好的。秦统一六国后，为了解除匈奴对秦王朝的威胁，始皇三十三年（公元前214年）派蒙恬率兵三十万北击匈奴，"悉收河南地"，迫使匈奴向北退却七百余里，从此"胡人不敢南下而牧马，士人不敢弯弓而报怨"[13]。始皇三十七年（公元前210年）始皇驾崩后中原大乱，匈奴乘机南下，占据河套地区和阴山一带，在冒顿单于的统驭下，部落联盟更加强大，控制了整个蒙古草原，巴彦淖尔地区成为匈奴的主要活动地区之一。

西汉初时，汉武帝为了彻底解除匈奴的威胁，派卫青、李息、霍去病等三次北击匈奴，历时44年，匈奴大败，力量大大削弱，再无力与中原对抗。为了加强防御，西汉武帝元朔二年（公元前127年）汉王朝将九原郡一分为二，西部地区改称朔方郡，东部地区改名五原郡。朔方郡领十县中，临河县、沃野县在今临河区境内[14]，临戎、三封、窳浑县在今磴口县境内[15]；五原郡领县十六，其中河目、西安阳、宜梁、成宜等县在今乌拉特前旗境内，广牧县在今五原县境内[16]。元朔三年（公元前126年）汉武帝命人兴筑长城。太初三年（公元前102年），又在阴山以北、蒙古高原新筑两条长城，即汉外长城南、北线。这三条长城是汉武帝时期抵御匈奴入侵修筑的主要防线，修筑时因地制宜，草原上夯土筑建，山丘上石块垒砌，沿线还筑有障墙、烽火台、瞭望台等军事设施，形成一套完整的防御体系。现巴彦淖尔地区的南部的汉长城遗迹，就是汉武帝元朔二年为抵御匈奴入侵修筑的防线，并有鸡鹿塞[17]、光禄城[18]等遗迹；北部的汉长城遗迹为太初三年新修筑的外长城。汉宣帝时呼韩邪单于降汉，汉王室为保持边塞久安，采取了和亲政策，此后数十年，沿边诸郡出现了偏安局面。新莽时期，王莽对匈奴实行一系列错误政策，导致"数年之间，北边虚空，野有暴骨矣"[19]。东汉初年，匈奴支持卢芳册封汉帝，定都九原，占据了五原、朔方、云中、定襄、雁门五郡。东汉光武帝建武十六年（40年）收复五原、朔方诸郡复置郡州。建武二十五年（49年）匈奴内争，分为南北两部，南单于附汉仍入居塞内，活动于阴山南麓河套一带。东汉末年，汉王朝无力顾及边远地区，于献帝建安二十年（215年）放弃了五原、朔方等沿边诸郡，河套一带为匈奴族牧地。

秦汉时期，今乌加河南北，东至乌梁素海周围，称为北假。这里地处黄河后套，河道纵横，土壤肥沃，也是当时屯田的重要地区[20]。大量从中原移民来这里实边屯田[21]，掀起了河套地区农业大开发的序幕，使河套地区变成了塞外粮仓，对后世开发河套地区产生了深远的影响。经全国第三次文物普查得知，这一地区发现秦汉时期的遗址和墓葬210余处，其中汉代城址49座、墓葬群51处。这些遗存见证了当年开发者们的辉煌业绩，也是秦汉王朝对巴彦淖尔地区移民垦殖的实证。20世纪50年代，内蒙古文物工作者曾调查或发掘过临河市黄羊木头汉墓[22]、五原县乌登云圪旦汉墓[23]、乌拉特前旗公庙子墓葬[24]、乌拉山里的汉代城堡[25]、乌拉特前旗哈德门沟口的汉代城堡[26]、乌拉特前旗公庙沟口汉代城堡[27]、乌拉山南的汉代遗存[28]。1963年侯仁之、俞伟超先生在磴口县包尔陶勒盖古城附近清理了一座汉代砖室墓[29]。同年内蒙古文物工作队在磴口县包尔陶勒盖（文称陶生井）清理墓葬2座，并对附近的包尔陶勒盖古城（文称麻弥图庙古城）进行调查[30]。1964~1976年，内蒙古文物工作队、内蒙古大学蒙古史研究室对巴彦淖尔市境内的北部长城进行了多次调查，对有关障城进行发掘[31]。1979年在磴口发现李次君与赵捐合葬墓；1980年巴彦淖尔盟文物工作站和乌拉特前旗文化局对乌拉特前旗三顶帐房汉墓群进行发掘清理，发现庞骀次墓[32]；1989年巴彦淖尔盟文物工作站和乌拉特前旗文化局对乌拉特前旗朝阳乡汉墓进行清理[33]，出土了一批汉代遗物。1992~1993年，内蒙古文物考古研究所和巴彦淖尔盟文物工作站联合发掘了磴口县的纳林套海、包尔陶勒盖、沙金套海和补隆淖墓葬[34]；1996~1997年，李逸友先生对巴彦淖尔境内长城进行了复查[35]；2003年，内蒙古文物考古研究所和巴彦淖尔盟文物工作站、乌拉特前旗文管所联合发掘了西山嘴（卧羊台）汉、北魏等时代的墓葬6座，其中汉代墓葬2座[36]；2003~2004年，内蒙古文物考古研究所和巴彦淖尔盟文物工作站、磴口县文管所联合发掘了磴口县汉代临戎郡故城附近的墓葬[37]；2007年内蒙古文物考古研究所和巴彦淖尔盟文物工作站、磴口县文管所发掘了磴口县巴音毛道遗址、巴音乌拉遗址、巴音毛道烽火台、小关井墓群[38]，出土了大量汉代遗物。

东汉和帝永元三年（91年），东汉政府击败北匈奴，北匈奴西迁，鲜卑趁势占据了漠北地区并逐渐强盛起来。2世纪中叶，鲜卑在檀石槐带领下不断壮大，北拒丁零、东败扶余，西击乌孙，南扰汉边，尽据匈奴故地。随后，鲜卑拓跋部入主中原。4世纪末，柔然崛起于蒙古高原。巴彦淖尔地区成为鲜卑与柔然的交错地带。北魏初年，由于北方的柔然经常南下骚扰北魏边境，北魏置军镇实边。明元帝拓跋嗣泰常八年(423年)"筑长城于长川(今内蒙古兴和西北)之南，起自赤城(今河北赤城县)，西至五原(今内蒙古包头市西北)，延袤二千里，备置戍卫"[39]。并于始光二年（425年）大败柔然使其北遁。后长城又经过两次修筑。太武帝拓跋焘又在长城要害之处设立了六镇等一系列军镇，以拱卫首都平城。其中著名的沃野镇就在巴彦淖尔地区，故址为乌拉特前旗苏独仑根子场古城[40]。北魏太武帝太延五年（439年），统一北方，巴彦淖尔地区遂宁。北魏正光四年(523年)，匈奴人破六韩拔陵也在沃野镇聚众发动起义，第二年北魏六镇尽归义军所占。巴彦淖尔地区北朝时期的遗存极少，不足10处，分布于乌拉特前旗和磴口县，其中乌拉特前旗发现城址3处、墓群3处、遗址1处，磴口县发现岩画1处。1954年内蒙古文物工作组在乌拉特前旗清理了一座墓葬，推测为魏晋时期匈奴人的墓葬[41]。2009年第三次文物普查时在乌拉特前旗城圪台城址内采集到北魏时期遗物，并在城址西南清理北魏时期墓葬一座。

6世纪中叶，突厥在北方迅速崛起。552年，突厥打败柔然建立汗国，势力扩展至整个蒙古高原，甚至南至河套地区，突厥"中国人归之者甚众，又更强盛，势凌中夏，迎萧皇后，置于定襄……东自契丹，西尽吐谷浑、高昌诸国，皆臣之。控弦百万，戎狄之盛，近代未有也"[42]。为了抵御漠北游牧民族政权的进攻、沟通各族经济文化交流和更好地经略巴彦淖尔地区，隋唐政府采取了一系列防治措施。隋开皇五年（585年），设置丰州，治所在九原县，今五原县南[43]。大业三年（607年），改为五原郡。唐贞观元年（627年）设关内道。贞观三年（629年），李靖在定襄大败突厥，突厥颉利可汗逃窜，次年颉利可汗被俘，东突厥灭亡，主要部落降唐，唐把这些部民先安置于河套地区，设立丰州都督府，后来又迁至黄河以北地区。贞观二十一年（647年），设燕然都护府，治所在乌拉特中旗新忽热古城[44]。贞观二十三年（649年）取消丰州都督府。景龙二年(708年)，为防御突厥越河南下，朔方军总管张仁愿在黄河之北突厥故地营建了东、中、西三座受降城，其西受降城就在巴彦淖尔市境内，故址即今乌拉特中旗奋斗古城[45]，同时成为安北都护府治所。天宝元年（742年）改丰州都督府为九原郡。天宝三年（744年），突厥汗国被击破，大部分突厥人再次南迁至漠南地区。天宝八年（749年）置横塞军，治所在今乌拉特中旗境内可敦城[46]，安北都护府治所随之移至此地。乾元元年（758年）恢复丰州，设立天德军、丰州都防御使。1976年在乌拉特前旗额尔登宝拉格公社（现称额尔登布拉格苏木）赛胡同大队发现王逆修墓，明确了天德军的位置[47]。唐中宗时，后套地区成为唐朝关内道北部地区的一个重要军事屯垦区域。建中三年（782年），人们仍然疏浚后套平原上的水利工程陵阳渠，以便灌溉屯田。贞元年间丰州刺史李景略主持开凿了咸应渠、永清渠，灌田数百顷[48]。巴彦淖尔地区该时期遗存占一定数量，约70余处，分布于磴口县、乌拉特前旗、乌拉特中旗、乌拉特后旗地区，以墓葬和岩画为主。1995年内蒙古文物考古研究所和巴彦淖尔盟文物站在乌拉特后旗巴音宝力格镇欧布乞水源站西北处发现13座石圈墓，清理了4座[49]；2009年在乌拉特中旗巴音乌兰苏木发现一处突厥石人墓；全国第三次文物普查中，乌拉特前旗额尔登布拉格苏木哈拉汉沟口发现一座石人墓。除了石人墓外，阴山山麓地带还发现集中分布的石板墓。这些石人墓与石板墓、石圈墓为突厥文化遗存[50]。

辽、金、西夏时期，巴彦淖尔地区东境迭次属辽、金国，西境为西夏国属地。4世纪中叶，契丹从鲜卑宇文部中分离出来。隋唐时期，势力渐强。神册元年（916年），耶律阿保机建立起以契丹人为主体的辽王朝，与中原地区的北宋形成抗衡对峙局面。会同元年（938年），石敬瑭割"燕云十六州"给辽朝，其中包括云、应、朔等州，辽王朝遂占据了今乌梁素海以东地区[51]，沿用唐天德军，属西京道管辖。隋朝时，西羌族一支党项族开始内附，追随中原政权。唐朝时，经过两次内迁，党项逐渐集中到甘肃东部、陕西北部一带。唐末五代党项族拓跋氏崛起。大庆三年（1038年）西夏建立，巴彦淖尔乌梁素海以西地区尽为西夏统辖，并在此设立十二监军司之一的黑山威福军司，其治所有学者认为是临河的高油房古城[52]，也有学者认为是乌拉特中旗新忽热古城[53]。近些年调查发现的西夏城址，大多沿用汉代城址，汉代长城沿线的障城址与沟口要塞址内，多可见西夏时期遗存。巴彦淖尔地区辽、金、西夏时期的遗存较少，只发现20余处，零星分布在临河区、磴口县、乌拉特前旗、乌拉特中旗、乌拉特后旗等地区。1958年高油房古城内曾出土大量铁钱币，1959年、1965年又出土了一批西夏时期金银器[54]，为目前内蒙古地区已发现的最精美的西夏遗物。1125年女真族建立金国灭掉辽国，西夏版图东扩，巴彦淖尔地区尽归西夏所有。

1206年成吉思汗统一蒙古各部建立了蒙古帝国。1227年灭掉西夏，巴彦淖尔地区又成为蒙古帝国版图的一部分。1271年忽必烈改国号大元。元朝统治者在巴彦淖尔地区设甘肃行省兀剌海路，治所在乌拉特中旗新忽热古城[55]。至元八年（1271年）设宁夏行省，至元二十五年（1288年）改为宁夏路总管府，元贞元年（1295年）改为宁夏路，巴彦淖尔南部的磴口县归其管辖。巴彦淖尔地区该时期遗存极少，散布在磴口县、乌拉特中旗、乌拉特后旗地区，计发现7处，其中4处为岩画。1974年内蒙古文物工作者就曾调查过乌拉特中旗新忽热古城[56]。2007年内蒙古文物局组织专家又对新忽热古城进行考察认定[57]，认为该古城是成吉思汗6次征伐西夏时每次都要首攻的城池。

洪武元年（1368年）明朝建立，洪武三年（1370年）巴彦淖尔地区为明军所占。洪武四年（1371年）设东胜卫，巴彦淖尔地区为东胜卫辖境。洪武二十六年（1393年）又置宁夏卫，黄河以南部分地区为其管辖。永乐时期漠北地区鞑靼部势力强盛，巴彦淖尔地区曾一度为鞑靼所有。清代，后套地区属伊克昭盟鄂尔多斯左翼后旗、右翼后旗辖地。顺治五年（1648年）设置乌拉特前旗、乌拉特中旗、乌拉特后旗。光绪二十九年（1903年）设五原厅。清代以来，巴彦淖尔地区喇嘛教盛行，这一地区建立了大量的召庙、寺院，如班禅召、章嘉庙、甘珠尔庙、千里庙、奇福寺等，这些召庙、寺院是清朝统治者对蒙古族实行羁縻政策的真实体现。19世纪中后期，天主教开始传入巴彦淖尔境内，随后基督教、伊斯兰教也相继传入，各地纷纷建立教堂、清真寺，传播教义，吸纳民众入教，宗教文化得到进一步的发展。巴彦淖尔地区明确的明代遗存尚未发现，清代遗存数量较多，约80余处，各区、县、旗均有发现，以寺庙、天主教堂、敖包为多数。

　　1912年五原厅改县。1914年设绥远特别行政区，下设五原县、乌拉特前旗、乌拉特中旗与乌拉特后旗。1925年设置临河、大余太设治局。1927年设置磴口县。1928年绥远特别行政区改设为绥远省。北伐战争以及抗日战争时期，这里曾发生了五原誓师、乌布浪口战役、五原战役等重大历史事件，留下了五原誓师会址、乌布浪口抗日烈士陵园、五原抗日烈士陵园等重要史迹。1949年，绥远和平解放。1954年绥远省改为内蒙古自治区河套行政区。1956年成立巴彦淖尔盟。1958年河套行政区、巴彦淖尔盟合并，成立新的巴彦淖尔盟。2003年巴彦淖尔盟改为巴彦淖尔市，人民政府驻临河区。巴彦淖尔地区民国以来的文化遗产数量最多，有110余处。

　　在横跨东西350余公里、南北60~120公里的阴山山脉中，分布着数以万计的古代岩画，被誉为"千里画廊"。关于阴山岩画，早在5世纪就被北魏地理学家郦道元写进了《水经注》里："河水又东北历石崖山西，去地五百里，山石之上，自然有文，尽若虎马之状，粲然成著，类似图焉，故亦谓之画石山也。"[58]，1927年中瑞西北科学考查团在巴彦淖尔考察时，发现了乌拉特后旗的大坝沟岩画。1976年开始，我区学者开始进行调查工作[59]，随之大量岩画陆续被发现，并发表了较多论著[60]。目前已发现的岩画分布群有153个，较密集分布区19处，计5万余幅[61]，内容涉及天体、人物、动物、植物、放牧、狩猎、争战、车辆、意识领域等各个方面。这些岩画用敲凿、磨刻、刻划等手法，画风古朴、粗犷、凝炼，或形象、或抽象、或写实、或夸张，真实地记录了古代先民的生产生活、风俗习惯、宗教信仰、自然环境和社会风貌。其创作年代可追溯到10000多年前，历经旧石器时代晚期、新石器时代、青铜时代、战国、秦汉、南北朝、隋唐、西夏、蒙元、明清甚至近现代各个时期，涉及匈奴、鲜卑、突厥、回鹘、党项、蒙古等众多民族。纵观这些各个时代、不同民族的岩画，它们既有自身的时代特点，也有从早到晚的承袭关系，还有相似经济形态的深厚烙印，也使世人看到了北方游牧民族历史的若干侧面，其原始淳朴的图腾崇拜、狂野奔放的"野兽风"，对欧亚草原、乃至世界文明进程影响深远。因此，阴山岩画数量之多、分布之广、历时之长、内容之丰富、艺术之精湛、文化内涵之独特，堪称中华民族古代艺术宝库，同时也是世界上最大的岩画艺术宝库之一，对民俗学、美学、天文学、人类学、原始宗教史、艺术史、民族史、科技史等方面的研究，具有极高的学术价值。目前，阴山岩画已被列入《中国世界文化遗产预备名单》，必将成为世界文化遗产向世人展示河套文化与草原文化的独特魅力。

三　巴彦淖尔市文物考古事业的发展

巴彦淖尔地区地处内蒙古西部，草原、阴山、河套由北向南逐次分布，土地肥沃，水草丰美，气候宜人。在古代先后有鬼方、土方、猃狁、北狄、林胡、楼烦、匈奴、鲜卑、突厥、回鹘、党项、契丹、蒙古等民族繁衍生息、游猎驻牧，形成了独具特色的游牧文化与农耕文明交错、碰撞、融合的历史舞台，使这片土地积淀了丰厚的文化底蕴，融汇成特色鲜明的河套文化，在中华文明的历史长河中宛如一颗灿烂明珠，光彩夺目。

早在5世纪，北魏地理学家郦道元就在《水经注》中对阴山岩画有所记载。巴彦淖尔地区现代意义上的文物考察工作开展相对较早。1927～1935年，中瑞西北科学考察团在巴彦淖尔地区的乌拉特中旗、乌拉特后旗进行考察时，发现了大量细石器、磨制石器、陶器残片以及大坝沟岩画等。1954年内蒙古文物工作队的成立，标志着内蒙古自治区文物工作进入一个新的历史时期，也使巴彦淖尔文物考古事业揭开了新的一页。从20世纪50年代至70年代末，内蒙古文物工作队及其相关同仁在巴彦淖尔地区开展了大量工作，如进行了全国第一次文物普查、巴彦淖尔地区的长城调查、乌拉山周边的汉代遗存调查，对黄羊木头汉墓、乌登云圪旦汉墓、公庙子墓葬、包尔陶勒盖墓葬、高油房古城窖藏等进行调查或清理，巴彦淖尔文物考古事业从无到有，并得到较大发展。1978年巴彦淖尔盟文物工作站成立，该地区有了第一个专业的文物保护机构，文物工作迅速提升。特别是1982～1988年全国第二次文物普查工作的开展，使巴彦淖尔地区第一次正真摸清了文物工作的家底，建立了从新石器时代至明清时期的考古学文化发展序列，一大批文化遗存被发现、确认，呼勒斯太墓葬、李次君与赵捐合葬墓、三顶帐房汉墓群、阴山岩画群等一些重大考古发现不断涌现，巴彦淖尔文物考古事业进入了一个全新时期。20世纪80年代末以来，随着国家经济的不断发展，配合国家基本建设项目大量出现，文物考古工作重心逐渐转向配合国家基本建设进行文物保护中来，加之全国第三次文物普查、长城资源调查、朝阳乡汉墓、纳林套海墓葬、包尔陶勒盖墓葬、沙金套海墓葬、补隆淖墓葬、西山嘴墓葬、临戎郡故城墓葬、欧布乞石圈墓、巴音乌兰苏木石人墓、哈拉汉沟口石人墓、新忽热古城等考古发现不断震惊世人。同时，一些现代科技手段和新的理论方法不断应用到文物考古工作中，高阙塞、九原郡故城、霍各乞铜矿遗址、阴山岩画群调查研究等有了新视角。巴彦淖尔地区文物保护机构也更为完善，巴彦淖尔文物考古事业进入了前所未有的繁荣期。该地区游牧文明与农耕文化的碰撞、融合、共同发展的历史现实得到有力展示，使河套文化成为较具影响力的草原文化的品牌之一。特别是阴山岩画群已被列入世界文化遗产预备名单，是巴彦淖尔文物考古事业巨大成就和遗产魅力的有力诠释。

纵观巴彦淖尔的发展历史，它不但是一部北方游牧文化与中原农耕文明不断碰撞、交融的历史长卷，更是中国北方草原地带与中原农耕地区往来、交流、融合的一个历史缩影。游牧文化在与农耕文明的交融中，不断汲取养分，发展提高，源源不断地为中华文明发展壮大注入新鲜血液。加之秦汉以来少数民族与来迁的汉族共同对河套地区进行屯垦开发，历经两千余年，该地区成为富甲一方的"塞外粮仓"。河套地区为中国统一多民族国家的形成、中华民族多元一体文化格局的形成做出了突出的贡献。目前，巴彦淖尔地区已经查明有不可移动的古文物遗址528处，其中国家级重点文物保护单位5处，自治区级重点文物保护单位24处，市县级重点文物保护单位157处。这些珍贵的物质文化遗存，是草原文化的重要实物载体，也是中华民族多元一体文化格局的实物例证。

为了向世人展现巴彦淖尔悠久浑厚的文化底蕴，深刻诠释河套文化乃至草原文化的博大内涵，本书选择巴彦淖尔地区较具代表性的83处遗存汇辑成《巴彦淖尔文化遗产》，以图文并茂的形式介绍给读者，以使读者能够较为翔实地了解巴彦淖尔地区的物质文化遗产和历史沿革，了解文物考古工作者数十年来为自治区乃至国家文物考古事业的发展付出的艰辛努力和取得的丰硕成果，并为内蒙古自治区文物考古研究所成立60周年献礼。

注释

[1] 本文涉及的全国第三次文物普查相关数据均来源于内蒙古自治区文化厅（文物局）、内蒙古自治区文物考古研究所编《内蒙古自治区不可移动文物目录》；所涉及到的全国第二次文物普查相关数据来源于国家文物局主编：《中国文物地图集内蒙古自治区分册》，西安地图出版社，2003 年。

[2] 陈星灿：《内蒙古巴彦淖尔盟的史前时代遗存》，《考古学集刊》第 11 辑。

[3] 汪宇平：《内蒙古阴山地带的石器制造场》，《内蒙古文物考古》1981 年创刊号。

[4] 胡延春：《阴山脚下的远古遗迹》，《实践》2010 年第 5 期。

[5] 中国人民大学北方民族考古研究所、中共乌拉特后旗委员会宣传部（魏坚主编）：《阴山沧桑——乌拉特后旗历史文化遗存调查报告》，内蒙古人民出版社，2010 年，第 48 ～ 49 页。

[6] （西汉）司马迁：《史记》卷一百十《匈奴列传》第五十，中华书局，1982 年，第 2885 页。

[7] 关于高阙塞的位置，学术界观点不一，北魏郦道元的《水经注》认为高阙在黄河的北

面（郦道元：《水经注》，见陈桥驿：《水经注校证》，中华书局，2007 年）；唐张守节《史记·正义》进一步认为高阙在朔方临戎县北面，即今磴口县境内、狼山以南的布隆淖故城；盖山林、陆思贤先生认为是临河东北的狼山口（盖山林、陆思贤：《阴山南麓的赵长城》，载《中国长城遗迹调查报告集》，文物出版社，1981 年）；鲍桐先生认为战国时期的高阙在昆都仑沟、秦汉时期则在乌拉特中旗石兰计口（鲍桐：《高阙地望新探》，《中国历史地理论丛》1993 年第 2 辑；鲍彤：《蒙恬修筑阴山北麓长城考察记》，《长城学刊》创刊号，1991 年）；唐晓峰先生认为在石兰计口（唐晓峰：《内蒙古西北部秦汉长城调查记》，《文物》1997 年第 5 期）；李逸友、何清谷认为是乌拉特前旗乌拉山大坝沟口（李逸友：《高阙考辨》，《内蒙古文物考古》1996 年总 14、15 期；何清谷：《高阙地望考》，《陕西师范大学》1986 年第 3 期），全国第三次文物普查结果也是如此；魏坚先生认为是乌拉特后旗的大坝沟（魏坚《内蒙古文物志》1987 年第 1 期）；王北辰先生认为是包头达拉盖沟（王北辰：《内蒙古后套平原的几个历史地理问题》，《内蒙古社会科学》1989 年 5 期）；张海斌先生认为是磴口县哈隆格乃沟（张海斌：《高阙、鸡鹿塞及相关问题的再考》，《内蒙古文物考古》2000 年第 1 期）。笔者认为李逸友等先生的观点较为客观。

[8] 李逸友：《内蒙古历史名城》，内蒙古人民出版社，1993 年，第 20 ~ 22 页。

[9] 塔拉、梁京明：《呼鲁斯太匈奴墓》，《文物》1980 年第 7 期；田广金：《近年来内蒙古地区的匈奴考古》，《考古学报》1983 年第 1 期。

[10] （西汉）司马迁：《史记》卷一百十《匈奴列传》第五十。

[11] 詹耀中：《巴彦淖尔市历代建置及其主要建树》，《河套大学学报》2004 年第 11 期。

[12] （西汉）司马迁：《史记》卷八十八《蒙恬列传》第二十八。

[13] （西汉）司马迁：《史记》卷六《秦始皇本纪》第六；（西汉）贾谊：《过秦论》。

[14] 张郁：《汉朔方郡河外五城》，《内蒙古文物考古》1997 年第 2 期。

[15] 关于临戎、三封、窳浑三县的位置学界说法不一，侯仁之、张郁等先生认为今磴口县补隆淖古城为汉临戎县城，包尔陶勒盖古城（原称陶升井古城）为汉三封县城，沙金套海古城（原称保尔浩特、土城子古城）为汉窳浑县城（侯仁之、俞伟超：《乌兰布和沙漠的考古发现和地理环境的变迁》，《考古》1973 年第 2 期；张郁：《汉朔方郡河外五城》，《内蒙古文物考古》1997 年第 2 期）。张海斌先生认为补隆淖古城为汉临戎县城，包尔陶勒盖古城是窳浑县城，沙金套海古城应是较县城低一级的都尉一类的驻所，而汉三封县城则应在包尔陶勒盖古城南偏西、补隆淖古城西南寻找（张海斌：《高阙、鸡鹿塞及相关问题的再考察》，《内蒙古文物考古》2000 年第 1 期）。

[16] 詹耀中：《巴彦淖尔市历代建置及其主要建树》，《河套大学学报》2004 年第 11 期。

[17] 张海斌：《高阙、鸡鹿塞及相关问题的再考察》，《内蒙古文物考古》2000 年第 1 期。

[18] 李逸友：《汉光禄城的考察》，《内蒙古文物考古》1984 年第 3 期。

[19] （东汉）班固：《汉书》卷九十四下《匈奴列传》第六十四下，中华书局，1962 年。

[20] 陈得芝：《秦汉时期的北疆》，《元史及民族与边疆研究集刊（第二十一辑）》上海古籍

出版社，2008 年。

[21] 王大方：《汉武帝阴山之役和朔方、五原郡的屯垦开发》，《内蒙古文物考古》1997 年第 2 期。

[22] 张郁：《临河县黄羊木头汉墓》，《内蒙古文物资料选辑》，内蒙古人民出版社，1964 年，第 97 页。

[23] 张郁：《五原县乌登云圪旦汉墓》，《内蒙古文物资料选辑》，内蒙古人民出版社，1964 年，第 98 页。

[24] 内蒙古文物工作组：《内蒙古乌拉特前旗清理古墓一座》，《文物参考资料》1954 年第 4 期。

[25] 张郁：《内蒙乌拉山里的汉代城堡》，《考古》1959 年第 3 期。

[26] 李逸友：《乌拉特前旗哈德门沟口的古城堡调查》，《文物参考资料》1956 年第 6 期。

[27] 李逸友：《内蒙文物组调查乌拉特前旗公庙沟口汉代城堡》，《文物参考资料》1956 年第 1 期。

[28] 张郁：《宝兰路河套区及乌拉山南历史文物的分布情况调查》，《文物参考资料》1956 年第 6 期。

[29] 侯仁之、俞伟超：《乌兰布和沙漠的考古发现和地理环境的变迁》，《考古》1973 年第 2 期。

[30] 内蒙古文物工作队：《内蒙古磴口县陶升井附近的古城古墓调查清理简报》，《考古》1965 年第 7 期。

[31] 唐晓峰：《内蒙古西北部秦汉长城调查记》，《文物》1977 年第 5 期；李逸友：《高阙考辨》，《内蒙古文物考古》1996 年第 1、2 期；李逸友：《中国北方长城考述》，《内蒙古文物考古》2001 年第 1 期；盖山林、陆思贤：《内蒙古境内的战国秦汉长城遗迹》，《中国考古学会第一次年会论文集》，文物出版社，1979 年；盖山林、陆思贤：《潮格旗朝鲁库伦汉代石城及其附近的长城》，《中国长城遗迹调查报告集》，文物出版社，1981 年。

[32] 火鹰：《巴盟出土汉印三方》，《内蒙古文物考古》1981 年创刊号。

[33] 内蒙古文物考古研究所魏坚编著：《内蒙古中南部汉代墓葬》，中国大百科全书出版社，1998 年，第 9 页。

[34] 内蒙古文物考古研究所魏坚编著：《内蒙古中南部汉代墓葬》，中国大百科全书出版社，1998 年，第 11 ～ 132 页。

[35] 李逸友：《中国北方长城考述》，《内蒙古文物考古》2001 年第 1 期。

[36] 盖之庸、岳够明：《乌拉特前旗卧羊台汉代和北魏时期墓葬》，《中国考古学年鉴（2004）》，文物出版社，2005 年，第 140 页。

[37] 盖之庸、岳够明：《磴口县补隆淖汉代墓葬》，《中国考古学年鉴（2004）》，文物出版社，2005 年，第 139 ～ 140 页。

[38] 发掘资料现存于内蒙古自治区文物考古研究所，尚未发表。

[39] 《魏书》卷三下《帝纪第三》。

[40] 李逸友：《中国北方长城考述》，《内蒙古文物考古》2001 年第 1 期。

[41] 张郁：《内蒙古乌拉特前旗发现魏晋时代残墓》，《考古通讯》1956 年第 6 期。

[42] （唐）杜佑：《通典》卷一百九十七《边防》第十三。

[43] 有关丰州治所学界说法不一，一说为今临河区东，一说为临河区北乌兰图克乡境内（詹耀中：《巴彦淖尔市历代建置及其主要建树》，《河套大学学报》2004 年第 1 期）；一说治所在汉广牧故城，即今五原县界内东土城（樊文礼：《略论唐代的丰州》，《内蒙古大学学报》1987 年第 2 期）。

[44] 赵曦：《走进新忽热古城》，《内蒙古日报》2008 年 3 月 24 日第 7 版。

[45] 关于西受降城的位置，学界说法不一，王北辰先生推测其位于今临河市的黄羊木头乡（王北辰：《内蒙古河套平原的几个历史地理问题——兼考唐西受降城》，《内蒙古社会科学》1989 年第 5 期）；赵占魁、张虎等先生则认为其位于今临河市古城乡政府所在地的古城乡古城（赵占魁：《内蒙古河套平原古城考——兼与王北辰先生商榷》，《内蒙古社会科学》1993 年第 4 期；张虎：《唐代西受降城、天德军的置废和建制沿革考述》，《阴山学刊》2011 年第 3 期）。

[46] 由于史书记载较少，横塞军的地望至今尚无法确定，赵占魁先生推测其是位于今乌拉特中旗石兰计乡的石兰计古城，但证据不够充分，不过大致应在今乌拉特中或后旗境内的乌拉山一带，具体位置待考（赵占魁：《内蒙古河套平原古城考——兼与王北辰先生商榷》，《内蒙古社会科学》1993 年第 4 期）；樊文礼先生认为在乌拉特中旗的可敦城（樊文礼：《略论唐代的丰州》，《内蒙古大学学报》1987 年第 2 期）。

[47] 张郁：《唐王逆修墓志铭考释》，《内蒙古文物考古》1981 年创刊号；张郁：《唐王逆修墓发掘纪要》，《内蒙古文物考古文集（第二辑）》，中国大百科全书出版社，1998 年。

[48] 艾冲：《唐代"河曲"地域农牧经济活动影响环境的力度及原因探析》，《陕西师范大学学报》2006 年第 1 期。

[49] 魏坚等：《乌拉特后旗欧布乞石板墓》，《中国考古学年鉴（1996）》，文物出版社，1998 年。

[50] 内蒙古自治区第三次全国文物普查领导小组办公室编：《内蒙古自治区第三次全国文物普查新发现》，文物出版社，2011 年，第 69 页。

[51] 曹永年主编：《内蒙古通史（第二卷）》，内蒙古大学出版社，2007 年版，第 8 ~ 13 页。

[52] 宋耀良：《西夏重镇黑山城址考》，《宁夏社会科学》1993 年第 5 期；聂鸿音：《黑山威福军司补证》，《宁夏师范学院学报》，2008 年第 4 期。

[53] 鲍桐：《兀剌海城地望和成吉思汗征西夏军事地理析》，《宁夏社会科学》1994 年第 6 期；王大方：《内蒙古西夏长城要塞遗址成为第七批区保单位》，《内蒙古日报》2013 年 11 月 22 日第 2 版。

[54] 陆思贤、郑隆：《内蒙古临河县高油房出土的西夏金器》，《文物》1987 年第 11 期。

[55] 鲍桐：《兀剌海城地望和成吉思汗征西夏军事地理析》，《宁夏社会科学》1994 年第 6 期；刘春玲：《元代阴山地区的行政建制述论》，《前沿》2010 年第 17 期。

[56] 李逸友：《内蒙古元代城址概说》，《内蒙古文物考古》1986年总第4期。

[57] 王大方：《内蒙古文物局专家组考察乌拉特中旗新忽热古城》，《内蒙古文物考古》2008年第1期。

[58] （北魏）郦道元：《水经注》卷三《河水》，时代文艺出版社，2001年，第18页。

[59] 调查成果发表在盖山林先生著《阴山岩画》中，文物出版社，1986年。

[60] 关于阴山岩画的研究、论述较有影响的论著有：盖山林：《潮格旗炭窑口岩画》，《内蒙古文物考古》1981年创刊号；盖山林：《阴山岩画》，文物出版社，1986年；盖山林、盖志浩：《内蒙古岩画的文化解读》，北京图书出版社，2002年；内蒙古文物考古研究所：《鬼谷岩画调查》，《内蒙古文物考古》2004年第2期；李祥石、束锡红：《阴山岩画博大精深》，《河套文化论文集（四）》，内蒙古人民出版社，2009年，第53页；李玉伟、肖志敏：《略论建国以来关于阴山岩画的考察与保护》，《河套文化论文集（四）》，内蒙古人民出版社，2009年，第139页；刘斌：《由"鬼谷"岩画的特点浅谈戈壁岩画》，《河套文化论文集（四）》，内蒙古人民出版社，2009年，第173页。

[61] 那顺孟和、何永林、姜月：《保护阴山岩画推进阴山岩画"申遗"工程》，《内蒙古日报》2010年9月21日第11版。

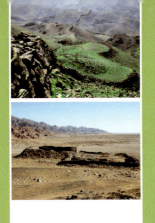

文化遗产

文化遗产 目录

新石器时代

　　巴彦淖尔市新石器时代遗址目前发现近四十处，主要集中在阴山以南河套平原的乌拉特前旗、乌拉特中旗、乌拉特后旗和磴口县的一些地区。主要有乌拉特中旗其呼勒石器遗址、乌拉特前旗公忽洞遗址、六大股遗址、石羊场遗址、小佘太遗址等。遗址所在地多为戈壁、荒漠，不见文化层，遗迹现象发现较少，可从地表采集到遗物。遗址内文化面貌较为单一，以细石器为主要特征，器形主要为镞，磨制石器较少，主要有石斧；陶片多为泥质红陶和灰陶，夹砂褐陶少见，胎质均较粗糙，且发现数量少，器形可辨者有盆、钵等。这些遗物体现了本地区典型的狩猎、采集文化风格。在一些遗址内还采集到仰韶文化风格的彩陶片，可推测这些遗址年代大致处于新石器时代晚期，同时也表明，该地区同中原地区的仰韶文化存在文化交流现象。

　　在横跨东西350余公里、南北60～120公里的阴山山脉中，分布着数以万计的古代岩画，被誉为"千里画廊"。目前已发现的岩画分布群有153个，较密集分布区19处，计五万余幅。岩画内容涉及天体、人物、动物、植物、牧野、狩猎、争战、车辆、意识领域等各个方面。作画手法有敲凿、磨刻、刻划等，画风古朴、凝炼，画面内容或形象、或抽象、或写实、或夸张，真实地记录了古代先民的生产生活、风俗习惯、宗教信仰、自然环境和社会风貌。阴山岩画的创作年代可追溯到1万多年前，历经旧石器时代晚期、新石器时代、青铜时代、战国、秦汉、南北朝、隋唐、西夏、蒙元、明清甚至近现代各个时期，涉及匈奴、鲜卑、突厥、回鹘、党项、蒙古等众多民族。其数量之多、分布之广、历时之长、内容之丰富、艺术之精湛、文化内涵之独特，堪称中华民族古代艺术宝库。阴山岩画同时也是世界上最大的岩画艺术宝库之一，对民俗学、美学、天文学、人类学、原始宗教史、艺术史、民族史、科技史等方面的研究，具有极高的学术价值。

1　乌拉特中旗其呼勒石器遗址

撰稿：郑龙龙　刘斌
摄影：刘斌

巴彦淖尔市重点文物保护单位。

位于乌拉特中旗呼勒斯太苏木达格图嘎查西南朝忽拉尔陶勒盖。遗址附近有一条小山梁，当地人称"火石梁"，裸露有大量燧石，为一处新石器时代石器制造场。由于周围为草原戈壁滩环境，风蚀雨剥，遗址破坏较严重。

20世纪80年代汪宇平先生曾调查过该石器遗址，采集到燧石质的石核、石片以及刮削器等，因此将遗址称为"厚契勒托拉亥"；1984年第二次文物普查时命名为达格图遗址；2009年第三次文物普查时，再次调查了该遗址，命名为朝忽拉尔陶勒盖遗址，后又更名为其呼勒石器遗址。

遗址分布面积约1万多平方米，地表散见有刮削器、石锤、石斧等遗物，另有大量燧石碎块。未发现文化层，也未采集到陶片以及其它遗物。刮削器、石片石器等具有很多细石器特征，有学者认为此类文化遗存与大窑文化存在一定的联系，并继承了大窑文化的一些因素。根据采集石器特点分析，该遗址最早为新石器时代遗存。

其呼勒石器遗址的发现，表明该地区在新石器时代已经产生以打制石器为主，辅以磨制石器的石器加工形态，独具浓厚的地方特色，对进一步探讨阴山地带石器时代文化提供了较为重要的实物资料。

其呼勒石器遗址全景（西—东）

⫿⫿2⫿⫿ 乌拉特前旗六大股遗址

撰稿：郑龙龙　胡怀峰
摄影：胡延春　胡怀峰

内蒙古自治区重点文物保护单位。

位于乌拉特前旗小佘太镇六大股村西南，地处阴山山脉查石太山南麓的丘岗地带，南临明安川。

1984年第二次全国文物普查对该遗址进行过调查并进行了文字描述、测量等工作。2009年第三次文物普查时，复查了该遗址。

遗址分布面积约3000平方米，由于处在丘岗的顶部，长期受雨冲风剥，现地表暴露的遗迹、遗物清晰可见，发现有红烧土、草木灰、动物骨骼以及陶片、石器等。采集有石核、石叶、磨制石斧和陶片等。陶片以泥质红陶和泥质灰陶为主，另有少量夹砂褐陶，还发现有彩陶器残片，可辨器形有盆、钵等。彩陶不论是器形，还是纹饰风格都与中原地区仰韶文化的彩陶相近似，而石叶、石核所体现的则是本

六大股遗址（东—西）

采集物

石镞

地区典型的文化特色，同一遗址两种文化因素的遗物共存，反映了该地区同中原地区在新石器时代的仰韶文化时期就存在直接或间接的文化交流，这一现象在周边以及岱海地区诸遗址中同样存在。根据采集物分析，该遗址为新石器时代遗存。

六大股遗址的发现，说明仰韶文化因素在溯黄河北上向东北方向的岱海地区传播的同时，还向西北方向的后套地区进行文化渗透，这对于研究仰韶文化的传播范围、传播路线以及文化间的交流融合情况具有重要意义。

‖3‖ 乌拉特前旗公忽洞遗址

撰稿：郑龙龙　胡怀峰
摄影：菅强　胡延春

内蒙古自治区重点文物保护单位。

位于乌拉特前旗额尔登布拉格苏木公忽洞嘎查南，地处乌拉山北麓、明安川西南部、乌素梁海东南岸，属草原沙梁地貌。

1984年，第二次全国文物普查中调查记录过，命名为"准公呼都遗址"，因采集到诸多汉代遗物，将遗址年代定为汉代。2009年，第三次全国文物普查时，采集到了石器以及夹砂陶片，因而将该遗址年代向前推至新石器时代。

遗址面积约为三万平方米，可分为南北两区，北区地表暴露有方形、圆形的房址、灰坑等遗迹。其中长方形房址面积20平方米左右，墙基夯筑，上有夯窝。房址周边散布大量陶片、绳纹瓦等，陶器器形有弦纹陶罐、卷沿鼓腹罐等。另采集到石器、铁器以及"五铢"铜钱。南区发现

全景（南—北）

采集的陶瓶

石磨盘、石磨棒

采集的石器

采集的陶片

有文化层，内含木炭。地表可采集到新石器时代的石磨盘、石磨棒、石斧、石镞、燧石刮削器、石叶以及陶器残片等遗物。陶器器形有小口平底瓶、钵、盆、罐等。根据采集品断定，该遗址北区为新石器时代至秦汉时期，南区年代为新石器时代。

公忽洞遗址保存较为完好，遗迹、遗物非常丰富，年代跨新石器时代、秦汉两个阶段，为研究该地区不同时期的经济形态、文化交流与变迁以及自然环境情况提供了重要资料。

||||4|||| 乌拉特后旗大坝口岩画

撰稿：李倩　霍建国

摄影：霍建国　萨日娜　包文亮

全国重点文物保护单位。

位于乌拉特后旗巴音宝力格镇乌兰嘎查大坝口水库所在地，岩画位于狼山中，狼山则像一道天然屏障，拱卫着后套平原北部，这里千沟万壑、群峰竞秀。山南有著名古刹东升庙，庙西有一条大沟直通山后，即为著名的大坝沟。大坝沟以西的高山，海拔2300多米，是狼山最高的地方。大坝沟又称为"阿尔泰沟"，蒙语，

意为"金沟"。沟全长70公里，沟畔重峦叠嶂，奇岩耸峙，沟内溪水淙淙，常年不息。在崖畔石壁上，留下了大量古代猎手和牧人凿刻的岩画，尤以沟口处的最为集中。是一处新石器时代岩画群。

早在5世纪，北魏地理学家郦道元就对阴山岩画有所记载。《水经注》卷三《河水·三》中说："河水又东北历石崖山西，去城五百里，山石之上，自然有

大坝口远景

大坝口磨刻岩画

大坝口磨刻岩画

文，尽若战马之状，粲然成著，类似图焉，故亦谓之画石山也。"史籍所载的"画石山"因有岩画而得名，此地在今宁夏陶乐县到内蒙古杭锦后旗一带，属于贺兰山和阴山岩画区。而大坝口岩画则是自郦道元发现阴山岩画以来最早被发现的。1929年，中瑞西北科学考察团曾对大坝口岩画进行过考察研究，成果发表于《蒙古的史前成就》一书中。1976～1980年的五年间，盖山林先生对乌拉特中旗、磴口、乌拉特后旗一带岩画进行调查、描拓。大坝口岩画分布集中、岩画内容意义突出，拥有多幅人面图及类人头形图案。1984年全国第二次文物普查时对大坝口岩画进行登记，名为"大坝沟岩画"。

大坝口岩画主要采用磨刻技术，痕迹

岩画保护现场

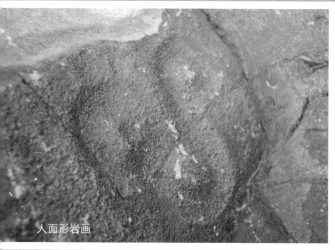

人面形岩画

天神图

清晰，虽然雨水、山洪冲刷、风沙侵蚀、日晒对岩画造成一定损坏，致使某些岩面脱落，但整体保存尚好，画面清楚。

大坝口岩画分布较广，是阴山岩画中数量较多且集中地一个区。其共由32幅作品组成，内容丰富，有各种野生动物、神灵图形、星星、人足印等，主要表现古代狩猎、祭祀、生殖、图腾崇拜和社会生活等方面。大多来源于自然、生活，具有质朴、夸张和传神的艺术特色，富有浓郁的生活气息。

此地岩画最常见的题材是人面形、类人头形、天神、精灵头像岩画。其中一幅人面形岩画，采用磨刻技法，磨刻出弯曲的眼部和上翘的嘴部轮廓，眼球凸起，鼻梁耸直。虽然没有脸部轮廓，但根据眼、嘴的特征可辨认其形象。另一幅人面图也可称之为天神图，是由两

大坝口岩画

幅人面组成，左边一幅扁圆脸，双目一口，头顶有翅状物；右边图形已经抽象化，轮廓不甚清晰。

大坝口岩画中这些神秘的蕴藏着原始人类世界观的头形，既不是活人的面孔，也不完全像骷髅头像，而是高度抽象化、图案化、神秘化的面具样子，但无论如何变化，均是以人头为基础。类似的人面图形在默勒赫图沟岩画、格尔敖包沟岩画以及乌苏里江的萨卡奇—阿梁也可见到。这些抽象化的图案，与古代游牧人所信仰的天神或当时流行的戴面具习俗有关，象征着灵魂。这些神态各异、表情夸张的人面图形，反映了早期人类的精神意识形态。大坝口岩画为研究古代北方游牧人经济生活、风俗习惯和意识形态等提供了珍贵的实物资料。

▌▌▌5▌▌▌ 乌拉特后旗滴水沟岩画

撰稿：李倩　霍建国
摄影：萨日娜　胡延春　霍建国　包文亮

全国重点文物保护单位。

位于乌拉特后旗巴音宝力格镇那仁乌布尔嘎查西南5公里滴水沟，是一处新石器时代岩画群。这里地处阴山山脉西段，沟内

滴水沟斜崖

山石嶙峋、斜崖平滑，植被稀少，因常年有自然积水穿石而过故得此名。

滴水沟岩画多采用凿刻或磨刻手法作画，痕迹明显。雨水、山洪、风沙侵蚀、日晒对岩画造成一定损坏，但整体保存较好。1984年全国第二次文物普查时进行过调查。

滴水沟共发现岩画27幅，均凿刻在峭立的黑色石壁上，是新石器时代早期游牧人的作品。画面题材广泛，内容丰富，有动物、神灵、植物等图形。这些岩画中，最引人注意的当属太阳神图像和人面图。

太阳神岩画是阴山岩画的常见题材，它有一种恒定的面形。滴水沟的这幅太阳神岩画面部眼、鼻、口具备，头顶或面部轮廓外有一道道刺芒状物，犹如光芒四射的太阳光线，它反映了阴山先民的太阳神崇拜情节。在其中的两幅太阳神图案之间，有一对动物在缓缓行进。它们四蹄着地，头微微扬起，态度悠闲，彷佛在静谧的午后，踏着青草，沐浴着阳光，尽情地享受生活。

另有一幅人面像，人面部凿刻出圆眼细长嘴，形似微笑。双耳翘起，头顶有长长的发辫。面部以下用简单的线条刻画身

太阳神

太阳神

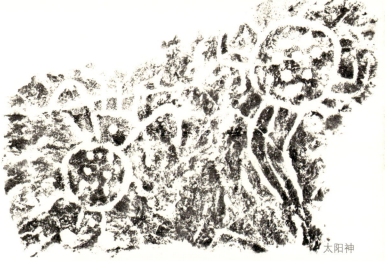

太阳神

人面像

躯，胳膊叉开，单腿着地，另一条腿斜扬出去，作欢欣雀跃状。整个画面虽用笔简练，但神形兼备，表情丰富，具有很强的感染力。

　　滴水沟岩画无论是人或动物都很生动，具有质朴、夸张和传神的艺术特色，富于浓厚的生活气息，是研究古代游牧人经济、风俗和意识形态的珍贵资料。

ⅢⅢ6ⅢⅢ磴口县格尔敖包沟岩画 ——————————

撰稿：李倩　李建新
摄影：王浩　李建新　胡延春

全国重点文物保护单位。

位于磴口县沙金套海苏木巴音乌拉嘎查格尔敖包沟口北约15公里处，岩画主要凿刻在沟东西两侧悬崖、立壁的黑色石块上，是一处从新石器时代延续至辽金元时期的岩画群。格尔敖包沟位于磴口县西北，狼山南麓，顺沟北行，可达狼山之北。因此格尔敖包沟是一条著名的狼山通道。沟内山高谷深，山石裸露，植被稀疏，溪水潺潺，常年不息。这里自古以来都是北方游牧民族的生活栖息地，至今仍有牧民居住放牧。由于年代久远，自然营力对岩画造成不同程度破坏，但整体保存尚好，画面多数较为清晰。

格尔敖包沟第二地点全景

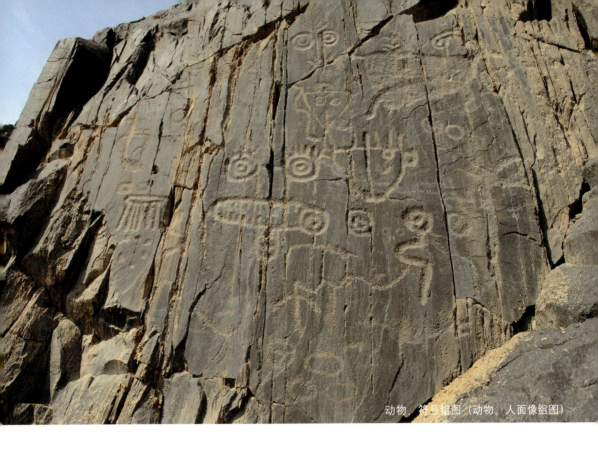

动物、符号组图（动物、人面像组图）

　　盖山林先生于1977年曾对格尔敖包沟岩画进行过考察和描摹，1978～1980年又对包括此处岩画在内的磴口一带岩画进行过考察。第三次文物普查时对岩画又进行复查。

　　目前共发现岩画地点七处，岩画296幅，绵延2公里左右。内容有鹿、牛、羊、兽面、人面、拜日、重圈、植物等图案，图案较抽象，艺术性较强。画面的大小及内容的繁简，多是由岩面所在石面的大小决定。作画手法凿、磨兼有，作画年代从新石器延续至蒙元时期，时代跨度较长。

　　格尔敖包沟的兽面形岩画中，有的头顶有高耸的犄角和双耳，双眼炯炯，长鼻；有的面部修长，圆眼大嘴，造型怪异。这些图案化了的兽面纹是集中了许多动物的面部特征而凿成的，以致图形灵活多变、变幻无穷，它们是早期先民的某种图腾崇拜。

　　格尔敖包沟岩画中，不少图形是以人面为基础创造出来的。一般以两个小圆圈或重圈代表眼睛，眼上有许多针刺状装饰，表示睫毛，眼下有横长的嘴巴，嘴内有齿。格尔敖包沟人面像岩画一般只显示眼、鼻、口等基本要素，省去面部轮廓线。

　　岩画中有位舞者图案较为神秘，其头部为圆形脸，面部五官不具，双臂呈矩尺形弯曲，手指叉开，身体只刻画一条主

兽面图腾

兽面

无廓人面像

神灵图

舞蹈人物岩画

干，双腿外撇。身体两侧有四爪形，似人平伸的手掌，用意不明。

　　格尔敖包沟岩画最大的特点就是对兽面、人面甚至动物形高度的抽象化、图案化和艺术化，它反映了古代猎人、牧民的世界观、宗教观以及特有的艺术手法。

青铜时代

青铜时代至早期铁器时代遗存相对较少，全国第二次文物普查时发现不足四十处，集中分布在阴山山脉及北部的磴口县、乌拉特后旗、乌拉特中旗的一些地区，皆为草原游牧民族创造的文化遗存，以岩画为绝大多数。岩画分布在阴山山脉中，较为密集。内容涉及天体、人物、动物、放牧、狩猎等各个方面，真实地记录了古代先民的生产生活、风俗习惯、宗教信仰等。除岩画外，目前仅存一处铜矿遗址。霍各乞铜矿遗址，曾发掘出炼铜窑址、开采坑道等开采冶炼铜矿遗迹，出土有加工粉碎石臼、炼渣等遗物。此铜矿遗址是目前内蒙古西部地区发现的唯一一处青铜时代冶炼遗址，为丰富中国北方地区的青铜时代考古学文化提供了重要资料。另外，早年曾在乌拉特中旗呼勒斯太发现并清理了三座桃红巴拉文化墓葬，出土一批精美青铜器，该墓葬所代表的文化与鄂尔多斯西沟畔等匈奴墓葬联系密切，族属为早期匈奴。

7 乌拉特后旗霍各乞铜矿遗址

撰稿：李倩　霍建国
摄影：萨日娜　胡延春

内蒙古自治区重点文物保护单位。

位于乌拉特后旗霍各乞苏木萨如拉嘎查西北霍各乞矿区西侧一南北向沟谷的东台地边缘，旁边有一条宽阔的小河，河中仍有涓涓细流。为一处青铜时代晚期延续至西夏时期的矿冶遗址。

霍各乞，蒙古语，意为"绿色的山头"，因山体和地表有铜矿呈现出绿色而得名。20世纪60年代，地质部门调查发现霍各乞铜矿遗址，并进行机械化开采至

霍格乞古铜矿遗址

今。在开采的矿坑中，曾经发现多处旧的采矿点和遗留的亚腰形采矿石锤。1984年全国第二次文物普查时进行调查和登记。20世纪90年代在1号矿床上又发现一处古矿井，遗留有石锤等开矿工具和兽骨等，文物部门征集到部分实物标本。1994年，内蒙古文物考古研究所与巴彦淖尔盟文物工作站组成联合考古队，对发现的三个炼炉进行了抢救性考古发掘。

遗址面积约1000平方米，目前共发现炼铜窑炉5座，加工粉碎石臼8个，矿料存放堆1处、采矿坑道3处。1994年发掘的三座窑炉，为圆形地炉式建筑，炉身是圆形竖井状。窑炉由炉体、炉壁、入火口、风道、出铜口组成。炉体由石块或土坯砌筑，外方内圆。炉壁抹有草拌泥、炉底残留木炭和灰烬。炉底下方砌有火道和流通铜液的沟槽，炼炉北壁下方建有方形火门，便于引火和通风。此外，在遗址内发现大量动物烧骨和含铜琉璃废渣。

霍各乞铜矿遗址的炼炉表面看似原始，其实冶炼技术已相当成熟。调查发现，当时古人的采矿活动最初为露天开采。随着采掘的深入，便沿着矿脉凿井向山体的更深部掘进。当时采用的是竖井坑道式采矿方法，即先挖一个竖井式矿坑，然后在矿坑底部向四外掏挖矿洞，再将采到的矿石由矿道运送出来，运抵冶炼场。霍各乞铜矿遗址与安徽铜陵金牛洞古铜矿的采矿技术和冶炼方式基本相同。

青铜时代至早期铁器时代，内蒙古地区有两大青铜文化系统，一是以夏家店下层及上层青铜文化为中心的东部区青铜文化，二是以朱开沟文化及鄂尔多斯青铜器为代表的内蒙古中南部青铜文化。夏家店青铜文化的铜料来源为林西县大井铜矿，

石臼

炼炉遗址

霍格乞铜矿遗址

网状地栏

而朱开沟文化的铜料则由霍各乞铜矿提供。从霍各乞铜矿遗址采集到的遗物分析，这处遗址的年代是商周时期，早期年代正与朱开沟文化时代相吻合，一直延续到宋元时期。霍各乞铜矿遗址的发现，证明了在中国北方阴山山脉中，自商周以来就已经掌握了在本土进行铜矿开采和冶炼的工艺。古遗址现被尾矿石掩盖，为了抵御风沙，在遗址上方作了网状地栏。

霍各乞铜矿遗址的考古发掘和研究填补了中国西北地区青铜采掘与冶炼铸造技术的传播空白，对于研究青铜时代中国北方地区青铜器发展的历史链条与民族交融有着极其重要的价值。

⫶8⫶ 乌拉特中旗俊海勒斯太岩画

撰稿：李倩　刘斌
摄影：刘斌　胡延春

全国重点文物保护单位。

位于乌拉特中旗海流图镇阿拉坦呼舒嘎查南俊海勒斯太山。俊海勒斯太系蒙古语，汉语意为东榆树山，此前也曾写作"几公海勒斯太"，位于乌拉特中旗西南部，西南距五原县约50公里。该山峰峦起伏，怪石林立，沟壑纵横，蔓草茫茫。登高远望，山石牧草连成一片，一派奇伟瑰丽的景象。俊海勒斯太岩画历经新石器时代、青铜时代、秦汉、隋唐时期，直至辽金元时期。

俊海勒斯太岩画分布密集，在东西5公里、南北4公里的范围内，发现有3000余幅。这些岩画部分保存较好，图案清晰，只有少量被风化腐蚀，图案有所退化。岩画采用磨刻、凿刻等手法，内容有牛、马、鹿、狼等动物，也有人物图和狩猎、舞蹈场面和天体车辆图等，写

北山羊

猛虎图

实性较强。

俊海勒斯太岩画以动物岩画为主，不论数量还是精美程度，皆以动物岩画为首。各种动物有的是一幅画面上仅有一只，有的是三三两两为一组，也有的是数量众多的动物群。动物数量一般以所在石块的大小决定。动物的排列，有的是随意敲凿，杂乱无序；有的是按一定次序精心设计的，如常见的上下排列，头朝一个方向，很有韵律感。动物一般作静态，少数作飞奔疾驰状。但不论静动，动物形态都刻画生动，富有生机。

其中有一幅北山羊图，一只长角北山羊静静的伫立着，头稍向前倾、圆眼睁大、嘴部微扬，似在与同伴交流，又似在专注地寻觅。此羊身体修长、短尾翘起，一看便知是草原上长期奔跑，身形矫健的敏捷之物。整幅图，用笔凝练，动物神态静中有动，异常传神。

另有一幅猛虎图，画面上星星点点、斑驳陆离，但是立虎的形象却极为突出。这只虎前肢直立，后背拱起作蓄势待发状，匍匐张口，仰天长啸，颇具力量感和震撼力。猛虎的卷尾下垂，尾尖处连接另一只体型较小的虎。骆驼是古代北方游牧民族中一种传统的家畜。阴山岩画中的骆驼形象多以双峰驼出现，少见单峰驼。其中一幅双峰驼图案中，骆驼探首弓颈，眼

骆驼图

狩猎图

向前张望，四肢并立，尾部自然下垂，驼峰间隐约可见一骑者。骆驼温顺的站立，彷佛在等待出发的指令。

狩猎岩画也是俊海勒斯太岩画中的主要内容，是狼山地区当年狩猎生活的历史印迹。其中一幅狩猎图中，左上方和右下方有两位骑者，正策马扬鞭追赶着野羊群，他们的动作并不迅疾，反而是缓步前行，似乎对眼前的猎物有成竹在胸、势在必得的信心。野羊在猎狗与骑士的追逐下，或飞奔逃遁，或仓皇环顾，让人顿生怜悯之心。

俊海勒斯太岩画时代跨度长，从石器时代延续至蒙元时期。这些宝贵的文化珍品出自匈奴、突厥、回鹘、粟特、党项、蒙古等这些长期生活在草原上的游牧民族之手。通过各个时代、各个民族的岩画，使我们看到了北方游牧民族历史的若干侧面。纵观各个时代、不同民族的岩画，它们既有自身的时代特点，也有从早到晚的承袭关系，还有相似经济形态的深厚烙印。

9 乌拉特后旗巴日沟岩画

撰稿：唐彩霞　李倩
摄影：萨日娜　包文亮　霍建国

全国重点文物保护单位。

位于乌拉特后旗巴音宝力格镇那仁乌拉嘎查西北15公里，巴日沟是阴山南麓的一条支沟，顺沟东北行3公里，在沟东的石壁上敲凿着一幅群虎猎食图岩画，巴日沟即因此幅岩画而得名。群虎纹岩画南侧有两棵百年老榆树，两侧岩壁高耸入云，周围石块较多且大，植被较好。由于常年风雨侵蚀，岩画边缘处部分画面漫漶不清，但大体完整。时代为青铜时代。

群虎猎食图岩画位于一块巨型石壁上，画面高1.26、宽3.45米。画面主要位置凿刻了六只老虎，内侧有简略的长腿动物纹。虎身满布曲条纹，从左往右略呈弧状排列，对内侧动物呈合围之势。最左上角最外侧有一只虎，面向猎物，四肢微曲，重心后移，作伫立观察猎物状。其右侧为一只身躯健硕的老虎，四肢粗壮有力，体略后倾，两耳直立，作注视猎物欲出击状，体下方有三个圆点，似简略的动物形。其右侧有一虎，面向猎物作策应状，头下方有一小动物。右上部有两只老虎，最右侧的老虎卧于地上，头微抬。其左侧有一只虎四肢前驱，身体稍后倾，

尾微扬，头微抬，左颊与右侧卧虎右颊相触。两虎下侧有一小虎。每只老虎双眼凿成圆孔形，显得较为威猛。群虎内侧包围的动物，四肢微曲，前体稍下沉，作警觉欲跳跃逃跑状。这个画面传神、凝重，动感十足又令人心神紧迫，呼吸顿屏，实有一触即发之感。

这幅群虎猎食图，在虎的嘴、尾、脚部缀连着形态不同的动物形，巧妙地填补了各个虎型之间的空白，使得画面生动活泼而富于变化。各个虎形因视角关系大小有别，形态各异。以头部而论，或眺望、或回首、或两头交互在一起，形态传神，构思巧妙，特别是画面中两虎面部相合处用透视法表现出来，具有非常高的艺术水准。

在群虎猎食图岩画附近还发现有三幅岩画，一幅是上下排列的两只鹿，双腿弯曲向前，作前奔状。另两幅是群牲图像，图像漫漶不清，大致可看出是狗、羊、马、骑者等形象。在沟中还有另外两处岩画地点，内容与五虎图及其附近鹿纹岩画等相近，制作方法有凿有磨，应该是同一时代的作品。

群虎猎食图

▌10▐ 磴口县托林沟岩画

撰稿：李倩　李建新
摄影：李建新　胡延春

全国重点文物保护单位。

位于磴口县沙金套海苏木巴音乌拉嘎查托林沟内。这里处于磴口县西北部，托林沟由西北向东南汇入默勒赫图沟中。沟内空谷幽深，偶有涓涓细流在巨石填壑间若隐若现，溪水清澈。沟两侧石壁陡立直上，巍峨险峻。沟顶奇石危峻，草木稀少。岩画分布在沟内的悬崖峭壁、山顶石壁或巨石上，石质为玢岩，呈黑色。岩画石面有不同程度的开裂、风化等现象，但整体保存尚好。为一处青铜时代的岩画群。

托林沟全沟长15公里左右，岩画主要分布在南北4公里、东西3公里的范围内，通常2～3米就有一幅，最远不过10米，共计有八个地点626幅，有的地点最多达300幅，是阴山山脉岩画分布最为密集的地方之一。作画手法以凿刻为多，少量磨刻、刻划，内容有太阳、星辰、文字符号、尖帽人头像、狩猎、双轮单辕车、羊、马、驼以及想象出的动物等。这些岩画生动风趣，各具特色，再现了阴山古代居民的经济、生活图景。

托林沟岩画中有一幅人物组图构图较为完整，真实地反映了游牧民族的牧猎生活，较为引人注目。岩画西向，画面上有三位骑者正在向左行进，作放牧或追赶猎物状，右上方是一只粗尾的动物，下方是长尾猎狗，正在望向后方，彷佛在催促后面的队伍继续奋进，画面极为生动传神，使当时古代先民牧猎的场景瞬间定格。

太阳神与星座岩画

第三地点西部一角

第五地点人物、动物图

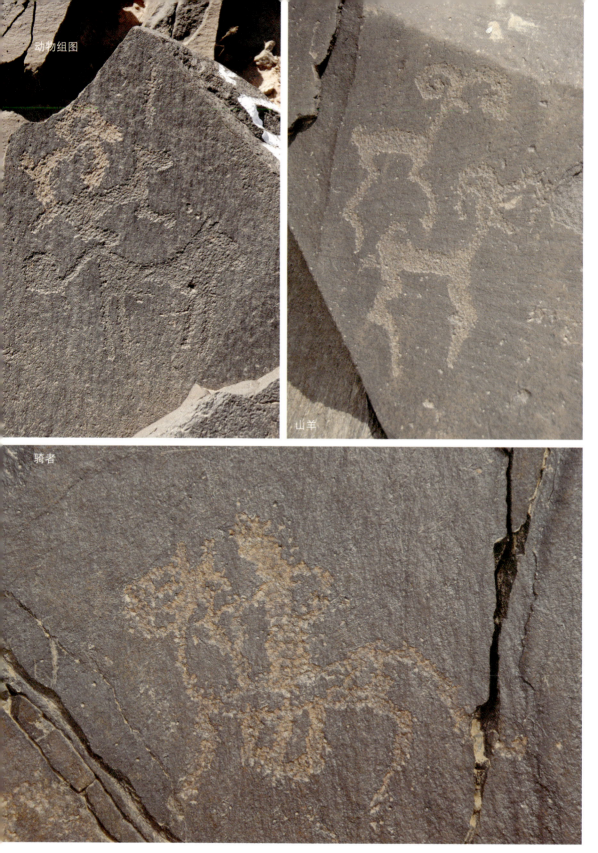

动物组图

山羊

骑者

‖11‖ 磴口县乌斯太沟岩画

撰稿：李倩　李建新
摄影：李建新　胡延春

全国重点文物保护单位。

位于磴口县沙金套海苏木巴音乌拉嘎查乌斯太沟内。乌斯太沟位于磴口县西北、阿贵庙西，由西北向东南延伸，蜿蜒曲折，千回百转，沿途有众多的支沟汇入。沟两侧高山耸峙，峡谷幽深；沟畔奇石林立，植被稀疏；沟内溪水潺潺，四季不涸。在这些高大耸立的石壁上，分布有大量岩画。岩画整体保存较好，为一处青铜时代至早期铁器时代的岩画群。

乌斯太沟原名乌斯台沟，"三普"时更为现名。岩画分布在乌斯太沟内距离沟口5～6公里的立壁石面上，分布范围约有5平方公里，共有四个地点78幅。采用凿、磨手法作画，内容主要有山羊、岩羊、羚羊、盘羊、虎、狗、狩猎场景、神灵圣像等，形态生动，写实性强，画面内容丰富。在乌斯太沟中段的乌兰哈布其勒，山耸

人面像、神灵组图

沟窄，壁立千仞，直上云霄。山石为灰白色的大理石。在沟东北距沟底约1米的崖壁上有一组人面像，画面西向，高1.69、宽2.56米。磨刻，纹痕很深。壁面上有众多的人面像，头形有方有圆，或长或短，是古代先民"按照人自己的形象来塑造的"。这些人面像不仅形状各异，且各具表情，或错愕，或威严，给人以一种肃穆、庄重之感。画面中间有一女性形象，凿刻了三对乳房，为神灵的写照，象征着哺育大地的功能。画面靠右侧是一幅太阳神像，面部眼、鼻、口具备，头形轮廓外有一道道刺芒状物，似光芒四射的太阳射线。在众多的人面像之间，凿刻着三幅星座图，其中一幅只有一颗星，另外两幅各由两颗星星组成。人面像伴随着太阳神、星象图，所以这幅岩画也被称为天神像或神灵图。

另外，在乌斯太沟的一处山顶的立石上，有一非常清晰的大角鹿岩画较为引人注目。岩画高23、宽22厘米。鹿角枝杈特长，极其夸张。

乌斯太沟岩画分布集中，内容广泛，有神灵像、攻战场面、祈雨场面、娱神舞等，具有较高的艺术和学术价值。

大角鹿

大角鹿

狩猎图

▌12▐ 磴口县浑迪沟岩画

撰稿：李倩　李建新
摄影：李建新　王浩

全国重点文物保护单位。

位于磴口县沙金套海苏木巴音乌拉嘎查浑迪沟内，这里地处磴口县西北部，较为开阔。沟边山不算高，但崖壁险峻。沟底涧溪潺潺，绿草如茵。在沟的北段岸边，有用扁平的石板围成的石板墓。在浑迪沟沟口向北行约5公里的沟东畔半山腰分布有大量岩画，为一处青铜时代的岩画群。

在沟内一处距离沟底约10米垂直平滑的岩面上，布满了密密麻麻的岩画。分布范围长3.5、宽1米，规模宏大。岩画采用敲凿法作画，作画时敲凿下的"麻点坑"仍清晰可见。画面内容是一列正在行进的驼队，有骑马者、马匹、徒步行人等夹杂在驼队中。骆驼形象稍显粗糙，但神态自然，驼背上的骑者，简化为一个柱状物。

在这群骑者中，不见鞍具、缰绳、马镫之类，说明当时可能还没有这些用具。骑者们凭借强健的身躯，骑在剽悍的马、驼背上，在辽阔的荒原上前进。他们穿越深山峡谷、沙海草原，去追捕野兽、放牧家畜。这幅画面再现了当年牧民们在行猎时那种浩浩荡荡而又异常艰辛的生活场

浑迪沟沟内一角

景，体现了远古游牧民族征服自然、不避艰难、不畏劳苦的精神。

　　距驼队100米处有一幅小型动物图，由于年代久远，画面内容已漫漶不清。

　　浑迪沟岩画虽然数量不多、题材相对单一，但反映了当时社会的经济、生业形态，对研究该地区自然环境的变迁有重要参考价值。

驼队图

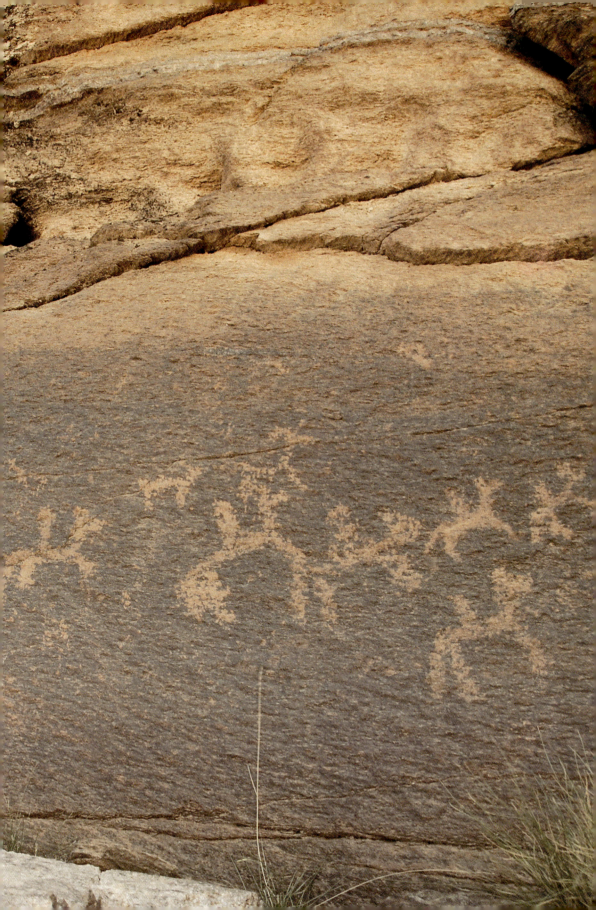

战国秦汉时期

　　巴彦淖尔地区发现的战国秦汉时期文物点共有二百多处，战国、秦代的遗存较少，汉代遗存占绝大多数。这一时期中原王朝与匈奴等游牧民族在此对峙，形成了既体现文化交融又颇具军事特点的文化遗存。这些遗存中最令人瞩目的要属长城及其附属防御设施遗址，另外还有较多的城址、墓葬、窑址等。巴彦淖尔地区发现的长城有四条，东西横亘，自南向北依次是赵北长城、秦汉长城、汉外长城南线、汉外长城北线。长城墙体依地形变化，或用石块垒砌或为夯土构筑，虽历经千年风雨，但残迹依然气势磅礴，雄伟壮阔。除墙体外，长城沿线还设有塞址、障城、烽火台等附属设施，地势险要处另加筑城堡，形成一套完整的防御体系。秦汉时期，巴彦淖尔地区先后归属九原、朔方、五原郡统辖，在各郡下又设有属县，从中原移民实边，坚强屯垦，经济发展与军事防御并举。巴彦淖尔现已发现的古城址中较为重要的是汉朔方郡管辖下的五座县城故址。这些古城规模较大，人口众多，周边分布有墓葬区及窑址群，是秦汉王朝对巴彦淖尔地区实行移民屯垦的实物见证。

║13║ 乌拉特前旗三顶帐房城址及墓群

撰稿：郑龙龙　胡怀峰
摄影：胡怀峰　菅强

巴彦淖尔市重点文物保护单位。

位于乌拉特前旗先锋镇城壕村南，城址地处乌拉山南麓山前平原地带，北依乌拉山，南临黄河。这里地势开阔，土地肥沃，气候宜人，宜农宜牧，位置得天独厚。由于历经千年自然以及人为破坏，现仅余土陇状城墙轮廓。

1984年第二次文物普查时，对该城址进行调查、测量。2009年第三次文物普查时，进行了复查。

城址平面呈长方形，东西长1200、南北宽1000米。夯筑城墙，基宽12、残高

三顶账房城址全景（西南—东北）

1～3米。南墙中部设一门，宽8米。城内文化层厚约1.5～2米。地面可采集到陶片、砖、瓦和铁器等战国、秦汉时期遗物。

在三顶账房城址外东北分布有大量墓葬，面积约4000平方米。地表可见封土堆。墓葬多为多室砖券墓，墓内均有棺，甚至一室多棺。墓葬年代涉及战国、秦、汉等时代。

1980年，巴彦淖尔盟文物工作站曾对该汉墓群进行清理发掘，共清理六座墓葬，年代为西汉晚期至东汉晚期。1号墓至5号墓为砖室墓，有多室墓和长方形单室墓，出土有陶灶、耳杯、盘及

"五铢"钱等。6号墓为土坑竖穴墓，出土有陶罐，牛、鹿、羊、虎、兔等动物金箔片、银柿蒂饰、"庞骊次"铜印、铜灯、厌胜钱等。墓葬内未发现骨架，只发现有一束长发，近似于"衣冠"埋葬。1984年、2009年，第二、三次全国文物普查中也分别调查登记过该墓群。

李逸友先生根据古城的位置、规模、出土遗物考证，该城为战国时期九原郡故城，历经秦汉。九原城是赵国为巩固西北疆域而建造的。文献记载，公元前309年赵武灵王向西开拓疆域，置云中郡，为了保住新开拓的领土，在北面的乌拉山山前修筑长城，山谷口设置城障，并在山南

城墙

平原兴建了九原城，构备了完整的防御体系。秦统一六国后，始皇嬴政又派蒙恬北击匈奴，占领了河套及周边大片疆土，并在拓展后的北部边疆新建了三十四座县城，连并九原城，设置九原郡，九原城得以沿用。西汉武帝元朔二年（公元前127年），改九原郡为五原郡，治所仍在九原城，辖有九原等十六县。王莽时期，匈奴不断南下，五原郡一度废弃。东汉初年，五原郡被卢芳所据。东汉建武十四年（公元38年），卢芳投降后，北边五郡归东汉王朝管领，国家发给粮食和路费，鼓励原居民还归本土。建武二十七年（公元51年），光武帝又复置五原郡，统辖十县。东汉末年，边疆防务涣散，汉人南逃，城垣变成废墟，五原郡终告废弃。

三顶帐房城址自战国时期的赵国初建，历经秦汉，城市延续使用约五百年之久，是赵国、秦汉王朝抵御匈奴、楼烦等

地表散落陶片

故城南墙中部（南—北）

族侵犯的重要据点，为维护河套地区的经济发展与社会稳定发挥了巨大作用。同时，该城址还是巴彦淖尔地区规模较大的城址之一，城市级别较高，沿用时间较长。城址周边分布有墓葬群，与城址构成了一个完整的遗址群，具有重要的历史地位。该城址与墓群为研究巴彦淖尔地区历史沿革、城市建置及居民生产生活、丧葬习俗等均提供了重要实物资料。

墓群局部（东南—西北）

城外清理墓葬

采集的陶罐

墓室内景

║14║ 磴口县补隆淖城址及墓群

撰稿：李倩　李建新

摄影：岳够明　胡延春　王浩　李建新

全国重点文物保护单位。

位于磴口县渡口镇河壕村西，南距黄河铁桥25公里，南至磴口县城约18公里。补隆淖城址旧称河拐子古城或临戎县故城，城址地处河套平原西南的乌兰布和沙漠中，古城东、西两侧有宽百余米、南北走向的黄河故道，现在的黄河河道在古城东约5公里处。古城城墙大多已被流沙湮埋，露出地表部分被剥蚀成土丘状。现城内散布有大量陶、瓦残片。

古城平面略呈长方形，正南北向，南、北墙长各450米，东墙长637.5米，西墙长620米。城墙黄土夯筑，基宽约10、残高0.5～2米。南墙中部有一豁口，应为城门所在。城内中部有一东西狭长的长方形建筑基址，地面稍稍隆起，满是堆积的

东墙（北-南）

城址屯表遗物

砖瓦。城内偏西北处有一座冶铁址，其上遍布残铁器、炼渣、炭灰、残铜镞、铁铤等，为制造兵器的冶炼遗址，因此古城也被称为"铁城"。城址内地表散布绳纹砖、瓦、绳纹、波浪纹、方格纹陶罐、瓮、盆残片及"五铢"铜钱等具有明显汉代特征的遗物。

在补隆淖城址以西分布有墓葬区。20世纪五六十年代，张郁、侯仁之等先生在此调查城址时，对周边墓葬基本情况也进行了勘查记录。1992年9月，为配合巴彦淖尔盟开发河套的农垦工作，内蒙古自治区文物考古研究所、巴彦淖尔盟文物工作站、磴口县文物管理所联合对墓群内的汉墓进行抢救性发掘，清理墓葬23座。2003年，为配合哈磴高速公路建设，再次发掘了墓葬数座。

墓葬区分布面积约120万平方米。由于人为破坏及风沙雨水侵蚀，墓葬保存状况较差。

墓葬一般为长方形竖穴砖室墓，有的有木椁。墓壁砌筑方式大多为横向平放错缝垒砌，墓底砖为"人"字形铺法。墓葬多数早年被盗，随葬品遭扰乱破坏严重。出土器以陶器为主，另有少量铜、铁、石器等。陶器共出土100多件，多为泥质

灰陶，纹饰主要是弦纹、绳纹、暗印纹。陶器多轮制，器形主要是壶、罐、鼎、井、仓、灶、博山炉、灯、直筒罐等。铜器有带钩、铜印、铜镜及"五铢"、"货泉"、"大泉五十"铜钱等。

补隆淖墓群没有发现有明确纪年的器物，根据墓葬形制和随葬品的变化及其与补隆淖城址的关系推断，其年代为西汉晚期至东汉初期。补隆淖墓群中墓葬的形制如砖壁木椁墓、小砖墓、大砖墓，在三封墓群、沙金套海墓群、纳林套海墓群中都有发现，墓葬特征一致。但是补隆淖墓群与其它汉墓群的随葬品组合及器类上稍有差异。如补隆淖墓群不见扁壶、鸮壶，以

罐类器物较多，壶类器较少。在相近的区域内，文化现象存在明显的差异，造成这种现象的原因之一为河水阻隔所致。

《水经注》在叙述到自今巴音木仁（旧磴口）以下的黄河河道时有如下记载："河水又东北历石崖山西，去北地五百里……河水东北迳三封县故城东，汉武帝元狩三年置，《十三州志》曰在城戎县西百四十里……河水又北迳临戎县故城西，元朔五年立，旧朔方郡治……河水又北有枝渠东出，谓之铜口，东迳沃野县故城南，汉武帝元狩三年立……枝渠东注以溉田，所谓智通在我矣……河水又北屈而为南河出焉。河水又北迤西溢于窳浑县故城东，汉武帝元朔二年开朔方郡县，即西部都尉治……其水积而为屠申泽，泽东西一百二十里，故《地理志》曰：屠申泽在县东，即是泽也……河水又屈而东流为北河。"这一段引文里，共提到了四座汉城，并讲到了每座汉城的建置年代以及与当时河流、湖泊的相对位置，对个别地方还记录了方位和距离。补隆淖古城是本地区内沿河一带最靠南边的一座汉城，自此以南再未发现其他汉代古城遗址。现补隆淖古城城址西部有黄河故道遗迹，说明汉魏时期黄河流经补隆淖古城西部。因此，根据古城内及周边文化遗存性质、河水流向，结合《汉书·地理志》、《水经

临戎城址南部残墙（西—东）

汉代釉陶博山炉

汉代釉陶灶

注》，考证该城址为汉代朔方郡临戎县故城，始建于汉武帝元朔五年，初为朔方郡治，元狩三年（公元前120年）建三封县城后，郡治由临戎迁往三封。东汉时，郡治又迁往临戎县城。

另外，汉代自武帝开边，经百余年农垦发展，边境安宁，经济繁荣。王莽扰乱、卢芳割据之后，南、北匈奴分裂，南匈奴附汉，北边出现了"西至武威，东尽玄菟，胡、夷皆内附，野无风尘"的安定局面。补隆淖墓群与包尔陶勒盖墓群（即三封墓群）、沙金套海墓群、纳林套海墓群的时代大体相当，且兴盛与衰落的过程也相一致，这和西汉晚期至王莽前后特有的历史背景相吻合。

‖15‖ 磴口县包尔陶勒盖城址及墓群

撰稿：李倩　李建新
摄影：岳够明　胡延春　王浩　李建新

全国重点文物保护单位。

位于磴口县沙金套海苏木包尔盖农场九连南部，临近包尔陶勒盖农场，四周被农田包围，开垦对城址造成了一定程度的破坏。现大部分城垣被流沙湮盖。古城西南4公里有麻弥图庙废墟，故曾一度被称为麻弥图庙古城，还被称为陶升井汉代古城、麻弥图古城或三封县故城。

1957年内蒙古文物工作队在此做过调查。1963年北京大学与内蒙古文物工作队又分别对此城址进行了调查，确定了城址的方向和范围，考证了城址的属性，对城址周边墓葬进行了调查和局部清理。

城址由内城和外城两重城垣组成。内城平面呈方形，边长118米。夯筑城墙，基宽约9、残高0.5～2.5米。现被风沙剥蚀呈小丘状。外城仅存东北和西南部分土垣，各长100余米。1957、1963年内蒙古文物工作队调查时，根据城内密集陶片的分布范围和断断续续的外城城垣痕迹

包尔陶勒盖城址

城内地貌

墓群中部封土

推断，外城平面呈长方形，东西约740、南北约560米。城内散布大量陶片及砖、瓦等残块。采集有云纹瓦当、排水管、灰陶绳纹盆、素面壶残片及铁锃铜镞、"五铢"铜钱等。五铢钱为汉武帝、宣帝及平帝前后铸造，表明古城的建筑和使用年代属西汉中晚期。

外城东部及西南部分布有墓葬群，这里地处河套平原西端、乌兰布和沙漠的东北边缘，地面上沙丘广布。古墓群东面是大片石砾沙丘状开阔地，其中有一片干枯的古河床，西有一砾状沙丘，北有一部分砾滩。古墓群保存较差，风沙刮走了墓上封土，致使墓顶甚至墓壁暴露于地面，另有一些墓葬被流沙掩埋，雨水侵蚀也对其有一定影响。加之土地开垦又造成了古墓葬大面积损毁。

墓群面积7万余平米，墓葬集中分布

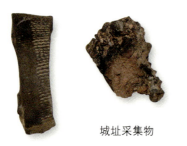
城址采集物

采集的陶片

汉代鸮壶

已发掘的墓葬，主要以中小型单室砖墓为主，有的有木椁。墓向为北或东南向，墓室平面呈长方形，墓葬多见男女合葬，均有棺。葬式大多为仰身直肢。部分墓葬人骨口内或手内见有"五铢"钱。出土器物按质地分有陶、铜、铁器，器形有壶、鼎、罐、盆、灶、井、仓、灯等。根据墓葬形制和随葬器物分析，墓葬分为两期，第一期为西汉中期到晚期，第二期为王莽前后至东汉初期。两期墓葬均与古城关系密切。另外，在墓葬区内还发现五座汉代砖窑，出土大量残砖，是专门用来烧制墓葬用砖的。

《水经注》记："河水又东北历石崖山西，去北地五百里……河水东北迳三封县故城东，汉武帝元狩三年置，《十三州志》曰在临戎县西百四十里。"由此可知临戎县故城西一百多里处是三封县城。临戎县故城为补隆淖城址，其西部为包尔陶勒盖城址，两城位置与记载相合。因此有学者根据《水经注》记载，结合古城面积、城内文化遗存的性质等考证，包尔陶勒盖城址应是汉代朔方郡三封县故城，建于汉武帝元狩三年（公元前120年），曾是朔方郡郡治所在。

元朔二年（公元前127年），卫青击败楼烦、白羊王，夺取河南地，汉在此建立朔方、五原二郡，并实施移民屯边，穿渠引水，加强对这一地区的建设，包尔陶勒盖一带属朔方郡管辖。包尔陶勒盖古城内水井、生活器具等遗迹遗物的出土，以及周边墓群内陶仓、井、灶、鸮壶的大量出现，反映了当时社会生活、农业生产的繁荣景象。

在古城正东和东南200米至1000米左右，古城西南2公里范围内也有分布。1963年，北京大学和内蒙古文物工作队在此发掘了三座汉墓，出土陶鼎、陶仓、熏炉等汉代遗物。1992年10~11月，内蒙古自治区文物考古研究所与巴彦淖尔盟文物工作站、磴口县文物管理所组成联合考古队，清理发掘古城东南墓葬25座，出土了一批陶器、铜器、铁器等遗物。

长乐未央铭文砖

汉代窑址

汉代窑址

‖16‖ 磴口县沙金套海城址

撰稿：李倩　李建新
摄影：岳够明　王浩　李建新　胡延春

全国重点文物保护单位。

位于磴口县沙金套海苏木前进嘎查西南，其东南36公里为补隆淖城址（汉临戎县故城），西南约30公里为包尔陶勒盖城址（汉三封县故城）。古城向西可直到阴山，通往山后的漠北地区。汉代沙金套海苏木一带曾是黄河改道后的泽湖发育地区，土地肥沃，水草丰美，是富庶的屯垦区。西汉以后，由于气候逐渐干冷、植被破坏，以致土地荒芜、流沙蔓延。如今这里几乎被乌兰布和沙漠所覆盖，但在沙丘间仍可见裸露的古河床、沼泽滩。在古城东面有一条自北而下的已干涸的河床，宽约400米，即为汉代黄河故道遗迹。

沙金套海城址旧称保尔浩特古城，汉语为土城子之意。1905年法国公爵莱斯坦和神甫步明世，由传教士冯学渊引导，盗掘了保尔浩特古城及附近的墓葬，出土了大量杂物、家具、箭头、钱币等文物。1957年内蒙古文物工作队在此调查，对古

城外

城周边地形、地貌、城址内外遗存进行了勘测及记录。1963年，北京大学俞伟超先生考察古城时，勘察了城址保存情况，测量了数据，对城内遗物进行采集，考证此城址为汉代窳浑故城。1976年秋，内蒙古文物工作队再次来古城调查时，古城已划归太阳庙农场管辖。

古城城垣范围不大，平面近不规则长方形。北墙西段呈双曲线弯曲，形状特殊。其他3处城角，都呈圆角弧形。全城东西长约250米，南北宽约200米。古城除西北部被流沙湮盖外，其余城墙保存较完好，清晰可辨。城墙墙体黄土夯筑，夯层明显。基宽9～13、残高0.5～2米。南墙中部有一缺口，为城门遗迹，门宽约20米，方向192°。城门外加筑瓮城。城内西南部有冶铁遗址，东西长约30、南北宽约21米。遗址上遍布箭镞的铁铤、三棱铜镞残片等。古城内采集有陶片、砖、瓦、"五铢"钱等汉代遗物。城外东南部有居

西墙（北－南）

南墙（西－东）

东墙（南－北）

住遗址和窑址，出土有陶片、炉渣、烧结变形的条砖等。砖的形状、纹饰与古城附近的墓砖相同，说明墓葬用砖有一部分产自这里。

《水经注》载："河水又北迤西溢于窳浑县故城东，汉武帝元朔二年开朔方郡县，即西部都尉治……其水积而为屠申泽，泽东西一百二十里，故《地理志》曰：屠申泽在县东，即是泽也……河水又屈而东流为北河。"《汉书·地理志》记："朔方郡，窳浑，有道西北出鸡鹿塞。屠申泽在东。"可见套外西部的所有汉城，只有窳浑县东临大泽。沙金套海城址东北约8公里有面积巨大的沼泽地，当地人称为后海。这里在枯水季节潜为伏流，雨水旺时，水绕着沙丘，无序乱流。因此，有学者根据古城内及周边文化遗存性质、河水流向，结合《汉书·地理志》、《水经注》，考证沙金套海城址正是文献记载的窳浑县故城，其东大泽，汉时称为屠申泽，阚骃称为窳浑泽，清代称腾格里湖。窳浑县故城位置的确定，为寻找鸡鹿塞的位置，提供了线索。

当时这里是汉代朔方郡辖地，为屯垦戍边地区。窳浑故城作为朔方郡最西部的三个县城之一，是汉代贯通阴山南北的交通要冲。

墓群采集的陶片

城址采集物

北墙（东－西）

南墙（西南-东北）

裸露汉墓及封土（东-西）

17 磴口县沙金套海城址周边墓群

撰稿：李倩　李建新
摄影：岳够明　王浩　李建新　胡延春　梁京明

全国重点文物保护单位。

位于磴口县沙金套海苏木前进嘎查西南，古城向西可直到阴山，通往山后的漠北地区。汉代沙金套海苏木一带曾是黄河改道后的泽湖发育地区，土地肥沃，水草丰美，是富庶的屯垦区。在古城东面有一条自北而下的已干涸的河床，宽约400米，即为汉代黄河故道遗迹。

在以沙金套海城址为中心东西长7公里、南北宽3公里的范围内分布有大量墓葬，目前发现2500余座。由于常年受洪水冲刷和强风剥蚀，封土堆已不存，甚至砖券墓顶都裸露于地表。迎风一面的壁砖被风吹成了蜂窝状，墓室内都淤满了泥沙。有三分之二的墓群未被开垦。相当数量的墓葬被掩埋于流沙之中，经常是在几场大风之后或在垦荒过程中才暴露出来。加之农业生产、盗掘等人为因素，墓群整体保存状况较差，地表散布着大量的陶片和墓砖。

20世纪初墓群曾遭到破坏性盗掘。1963年，侯仁之先生调查沙金套海土城子时，曾对周边墓群进行了记录。1993年，内蒙古自治区文物考古研究所与巴彦淖尔盟文物工作站组队，清理发掘墓葬39座，出土大量文物，明确了墓葬的分期与年代。

墓葬分布极为密集，一般3~5座墓葬组成一小群，墓间距3~5米，小群之间相隔10~15米，相互间没有叠压打破关系。墓葬均为青砖砌壁的长方形砖室墓，多数为中、小型。墓内均有斜坡或阶梯式墓

汉代青铜钫

汉代青铜锺

道，前壁中央多数设有墓门。一般为一冢一穴，多为男女二次合葬墓。葬具为长方形松板木棺，葬式多见仰身直肢，头向墓门。随葬品分为实用器、明器和装饰品三类。以陶器为主，并有釉陶、铜、漆、琉璃器等。实用器有罐、壶、钫、鼎、甑、洗、盆、铜镜等；明器有井、仓、灶、扁壶、鸮壶、俑等；装饰品主要是项饰、耳饰等。墓主人有在手掌或口中放置钱币的习惯。

在丰富的随葬品中有骨尺一件，选用动物肢骨磨制而成。长条形，色呈乳白，一端有圆形穿孔，正、背面及两侧面均用细墨线标出十等份（即每一寸）的刻度，并用红彩上下对错描绘刻度间的空白。尺的中央用"米"字形符号标出半尺等分线，侧面靠右标出分的刻度。正、背面以双线绘制边框，框内用墨线作画，图案有飞龙图、祥云、水波图、车马出行图等。

尺长23.1厘米，每寸间距为2.3厘米，略有偏差，合今市尺0.693尺；尺宽1.7厘米，厚0.3厘米。这件骨尺制作精细，为研究汉代的度量制度提供了实物，具有很高的艺术、学术价值。

沙金套海城址外围墓群墓葬数量多、分布范围广、形制变化大，内涵丰富。综合墓葬形制、出土器物及其与沙金套海城址的地理位置关系，分析这批墓葬的年代为西汉武帝之后至东汉明帝时期。当时这里是汉代朔方郡辖地，为屯垦戍边地区。窳浑故城作为朔方郡最西部的三个县城之一，是汉代贯通阴山南北的交通要冲。

沙金套海墓群埋藏及出土的大量文物，对于研究两汉时期北方边郡地区的政治、经济、军事以及汉匈关系提供了极为重要的实物资料，并且对乌兰布和沙漠的形成和治理提供了宝贵的线索。

汉代铭文镜　　　　　　　　　　　　　汉代铭文镜

汉代三足陶仓

舂米陶作坊

蝉形玉琀

骨尺

‖18‖ 临河区八一城址

撰稿：李倩　王琳

摄影：彭凤英

全国重点文物保护单位。

位于临河区八一街道办事处联丰村三组东北部，古城地处黄河北岸，阴山南麓，河套平原中部，地面开阔平坦，地势低缓，水源丰富，城内外现已开辟为耕地。城址所在八一办事处，处在临河区东郊，素有临河区"东大门"之称，地理位置较为重要。

八一古城遗址又称临河古城址或八一乡土城子古城，城址平面呈"目"字形，城墙黄土夯筑，南北长516、东西宽222、基宽6、残存高度1～3米，东墙、西墙、南墙保存尚好，北墙残存部分墙体。城址东、西、北外有壕沟。城内有两道东西向隔墙将古城分为南、中、北三部分，隔墙墙体呈台基状，现可看出八个台基。南墙中部偏东设有城门，门宽6米，隔墙中部各开一门，门址宽约6米。城四角设有角台。城西北角有窑址三座。城内采集到陶片、砖、板瓦、筒瓦、瓷片、铜镞、钱币以及铜铁残片等遗物，陶片可辨器形有泥质灰陶罐、盆等。另外，城址东南部区域，农耕时，常出墓砖，年代与城址年代

八一城址西城区（西南—东北）

南城墙（西北—东南）

相同，因而可以认为是城外墓葬区。

根据史料记载，西汉武帝元朔二年（公元前127年），卫青大败匈奴，收复河套地区，并于当地设置了朔方郡。有学者考证八一城址为朔方郡辖县临河县故址。临河县自西汉始置，到了东汉前期逐渐荒废。此后一些朝代延用。北魏时属沃野镇。唐代初年，曾作为西受降城成为防御突厥的前沿阵地。在城址内发现有少数黑瓷、乳白瓷片等西夏遗物，说明西夏时期也曾有人在此地居住，城址所在地属西夏势力范围。

地表散落陶片

采集的砖瓦

城址西北角（西北—东南）

▏▎▍19▎▏乌拉特中旗新忽热城址

撰稿：郑龙龙　刘斌

摄影：岳够明　刘斌

全国重点文物保护单位。

位于乌拉特中旗新忽热苏木牧人嘎查北部，俗称城圐圙。城址恰好处在阴山以南的关隘险处，战略位置十分重要。

新忽热城址平面呈正方形，坐北朝南，东西960、南北约960米。古城主体建筑为夯筑，城墙遗存最高处可达8米，墙体顶宽5、基宽8米。南墙与东西墙中各设一城门，门宽12米，门外设瓮城。四角设有角楼。南墙及东西墙均有马面。城外有护城河。地表散见有大量建筑构件、陶器残片以及古钱币，年代涉及汉、唐、西夏等朝代。因而推测古城始建于西汉，历经北朝、唐、宋、西夏等朝代。

根据现有资料和城内发现的陶器残片判断，该城始建于汉代，为汉塞外受降城。《史记·匈奴列传》记载，汉武帝太初元年（公元前104年）遣因杅将军公孙敖筑此城。当时匈奴统治北方大片地区。元封六年（公元前105年），匈奴乌维单于去世，其子继位，称儿单于。当时匈奴中的一个左大都尉打算杀掉儿单于带兵投降西汉。汉武帝同意其归降，并派遣公孙敖筑塞外受降城。后驻扎在受降城的汉军撤回，这里成为一座空城。此后北朝、

新忽热城址全景

新忽热古城址

隋唐、宋、西夏、元等都曾沿用此城。唐代，新忽热古城是燕然都护府所在地。宋以来，巴彦淖尔乌梁素海以西地区尽为西夏统辖，并在此设立十二监军司之一的黑山威福军司。新忽热古城位于西夏国东北边境，为重要的交通枢纽，加之现存的新忽热古城主体是西夏时期增修扩建的，因此有学者认为黑山威福军司治所即为乌拉特中旗新忽热古城，是成吉思汗首攻之城。元代时新忽热古城最为繁盛，为兀喇海路。阿拉坦汗统治时期古城是仅次于板升城的军事、经济、贸易重地。明代之后古城逐渐衰落。

新忽热古城保存较好，规模较大，历史沿革长，文化内涵丰富，城市建制较高，是巴彦淖尔地区十分重要的古代城址之一，对研究该地区政治、经济、军事、文化、交通、城市建置、历史沿革等均具有重要意义。

南墙瓮城（西—东）

南墙（西—东）

东墙（西—东）

东城门（西—东）

南墙马面（西—东）

西墙马面（北—南）

‖20‖ 乌拉特前旗小召门梁城址

撰稿：郑龙龙　胡怀峰
摄影：胡怀峰　菅强

乌拉特前旗重点文物保护单位。

位于乌拉特前旗明安镇义和店村西小召门梁南山坡下，这里地处巴音查干山南麓，地势北高南低。

20世纪50年代，张郁先生发现该城址，并进行详细勘察。2009年，全国第三次文物普查时进行了测量。

城址分南、北、东三个小城，占地面积约5万平方米，以北城为主，建筑亦较坚固。北城呈正方形，有内外二重垣墙，基宽约6、残高约0.5米。城外有护城壕。外城垣与内城垣之间相隔6米。城内东西80、南北87米。内外城垣南墙正中均有城门，宽5.5米，方向南偏东5°。城门附近有散乱的石柱础。内城西北角有正方形建筑基址，城中央和东面两侧亦有方或圆形大小不同的建筑遗迹。北城南城墙以南、西城墙南段以西，又有一曲尺形城池。其东北部依托北城南墙以及西墙南段。城址东西189、南北179米。城墙湮没倾颓程度更甚于北城。北城以东另有城垣痕迹，但已模糊不清。

城内地表散布有大量陶片、瓦片等遗物，其中北城地表为最多，散布在建筑基址附近，有泥质灰陶、夹砂灰陶、泥质红

陶等，纹饰有绳纹、附加堆纹、松叶状划纹等，有一定数量素面陶，器形有罐、钵等。部分陶器制作精细，器表磨光。根据采集遗物推断，该城址年代为西汉早期。

《汉书·匈奴传》记载："设塞徼，置屯戍，非独为匈奴而已，亦为诸属国降民，本故匈奴之人，恐其思旧逃亡……"由此可见，汉代在北部边疆地区设置诸多类似于小召门梁的小城堡，不仅可以巩固边陲，防备匈奴侵犯，又有阻止降俘、犯人潜逃的用途。小召门梁城址的三座小城，相辅相成，且具备内、外城墙以及城壕三重防卫体系，防御功能极大提升。放眼周边，此种城堡布局绝无仅有，为我们研究阴山地区城址结构的多样性提供了宝贵资料。

小召门梁城址远景（南—北）

采集的遗物

小召门梁城址

城内遺存（南一北）

21 乌拉特前旗补拉城址与尤家圪堵墓群

撰稿：郑龙龙　胡怀峰
摄影：胡怀峰　菅强

内蒙古自治区重点文物保护单位。

补拉城址位于乌拉特前旗明安镇尤家圪堵村西南、明安川中部，该地区地势平坦，土壤肥沃，并有山间河流从城址旁流过，水源较为充沛，非常适合农牧业生产。

1984年，第二次全国文物普查中调查记录过补拉城址。2009年，第三次文物普查时进行了复查。

补拉城址平面呈长方形，面积约2.5万平方米。夯筑土墙，南墙中部设门，城内北半部暴露长方形夯土房基三处。城内曾采集到泥质灰陶弦纹罐、灰陶残片、绳纹筒瓦、"五铢"钱等文化遗物，年代为汉。

城址东部为尤家圪堵墓群。1984年，第二次全国文物普查中调查记录过该墓群。2009年，第三次文物普查时进行了复查。

该墓群分布在东西1500米、南北600米的范围之内，较为分散。现地表基本为平地，只在墓葬区南侧保留有3座封土堆。早年曾发现两座墓葬，分别为长方形砖室墓与竖穴土坑墓，年代为汉代。

由于气候条件、地理位置优越，汉王

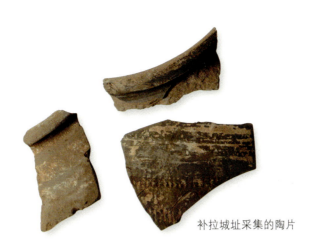

补拉城址采集的陶片

尤家圪堵墓群全景（北—南）

尤家圪堵墓群全景

朝在明安川上设置了众多城址以及居民点，文物普查时在该地区发现了一系列的汉代遗存，补拉城址与尤家圪堵墓群即是其中的两处。这两处遗存空间上较为靠近，所处年代也基本相同，是同一遗址群的两个组成部分。城址内是生活居址，城外是农田，东部是墓葬区，形态、结构较为完整。这对于研究汉王朝在北部边疆地区的开垦、戍边活动以及农耕民族与游牧民族间的相互关系具有重要价值。

撰稿：郑龙龙　胡怀峰
摄影：菅强　胡怀峰

内蒙古自治区重点文物保护单位。

三老虎沟城址位于乌拉特前旗明安镇毛家圪堵村乌拉山北麓三老虎沟口，平面呈正方形，面积约6万平方米。残存南墙、东墙，夯筑而成，夯土明显。从断崖处看，文化层约1～1.5米。北、西残垣附近及夯土城墙内发现大量建筑构件及陶片。根据调查判断，该城使用时间较长，且存在大型建筑遗迹。

城址东南约3公里分布有朝阳墓群。墓群地处乌拉特山北麓的山间河谷平原地带，遗迹较为明显。

墓群分东、西、北三区，面积约5万平方米，墓葬年代皆为汉代。东、北区

三老虎沟城址全景（西—东）

墙体

墙体夯层（西—东）

剖面残瓦（西—东）

以中型斜坡墓道单室砖墓为多，墓室为长方形，长4～6、宽2～3米，内有木棺和木椁，有单人、双人或多人葬。西区以小型单室砖墓为主，墓室长2～2.5、宽1.2～1.5米，均为单人葬。墓葬区地表遍布陶片、绳纹砖。墓葬出土有陶灶、罐、樽、铜泡钉、盖弓帽、铺首、兽足、车马器、"五铢"钱以及漆器残片等。1989年，巴彦淖尔盟文物工作站与乌拉特前旗文化局于朝阳乡政府东侧曾清理长方形砖室墓葬1座，年代为西汉晚期。

三老虎沟城址与朝阳墓群相距较近，年代大体相当，据此推断城址属于汉代筑造的边疆防御城堡，用于扼守要塞，抵御入侵，而墓群即为城内军民死后埋葬之所。

‖23‖ 乌拉特前旗西山嘴遗址及墓群

撰稿：郑龙龙　胡怀峰
摄影：胡怀峰　菅强

巴彦淖尔市重点文物保护单位。

位于乌拉特前旗乌拉山镇桥南村的台地卧羊台，遗址地处后套平原东端、乌梁素海南、乌拉山西端截止处，因遗址所在台地名为"卧羊台"，西山嘴遗址又称卧羊台古遗址。

西山嘴遗址面积约150万平方米，文化层厚0.5~1米。遗存分布较散，内涵也较为丰富。地表散见有陶瓷片及动物骨骼。采集有石斧、石磨棒、灰陶片、"五铢"铜钱、白釉瓷碗、灰釉瓷碗、青釉瓷碗、青釉瓷盘、黑釉瓷罐残片等。根据采集物分析，遗址年代涉及新石器、汉、北魏、隋、唐、西夏等时代，延续时间较长。

在西山嘴遗址边侧还分布有大量墓葬，因处于卧羊台上，又称卧羊台墓群。该墓群占地面积100万平方米，地表散见大量绳纹砖、灰陶片，采集有泥质灰陶弦纹罐残片、"五铢"铜钱等。墓葬以中小型单室砖墓为主，有少量竖穴土坑墓。墓葬平面呈长方形，长2.5~4、宽1.5~2.2米，以双人合葬墓居多，单人墓较少。2003年发掘的墓葬中1号墓、2号墓为汉墓。其中1号墓为砖室墓，由墓道、前

西山嘴遗址全景

西山嘴遗址（西—东）

采集的陶片

出土的直口鼓腹灰陶罐

室、甬道、后室组成，攒尖顶，墓道位于墓室西部，出土有陶楼、陶灶、陶耳杯以及砚、铜镜、铜钱等随葬品。2号墓为土洞墓，分前、中、后三室，有耳室，出土有陶罐、铜钱等遗物。3号墓、4号墓为北魏墓葬，皆为单室砖券墓，攒尖顶，墓道位于墓室西部，出土有陶盘口壶、陶罐、铜车马件等，其中两件陶罐分别埋于南北壁中部铺地砖下，且罐内有谷类作物。另外还清理两座石圹墓，由不规则的石块砌出墓圹，墓内只出土有部分马骨，推测为游牧民族墓葬。

西山嘴遗址地处卧羊台上，"在卧羊台之上，可悉瞰后套平原东部大部地区，居高临下，控制乌拉山西南及后套之交通，形势十分扼要，实属咽喉所在。观今思昔，遗址可能为古时军事上控制乌拉特前山及后套交通的屯戍之所。"另外，遗址周边的墓葬不仅有汉民族的墓葬，也有游牧民族墓葬，且年代跨度非常大，可见该地区古往今来作为战略要地，一直为古人所占据，生时在此地生产生活、戍守保卫，死后又葬于此地。西山嘴遗址及墓葬的调查、发掘，对研究该地区的历史沿革以及民族关系等具有重要意义。

24 乌拉特后旗达巴图古城

撰稿：郑龙龙　霍建国
摄影：萨日娜　包文亮

位于乌拉特后旗呼和温都尔镇那仁乌布尔嘎查北5公里，古城夹在东侧的达巴图沟和西侧的查干沟交汇处的二阶台地断崖上，与达巴图沟河床西侧高差20多米。古城南面为沙地，西面是一小山坡，北为阴山山脉，为扼守北方草原通向河套的交通要道，战略地位十分重要。

21世纪初，文物工作者曾调查过该古城。2008年，第三次全国文物普查时，再次调查了该城址。

古城由南北两个小城组成。北城呈方形，略小，边长35米左右，墙基宽6、顶宽约3.5、高约6米。墙体用较大的河卵石垒砌而成，墙内填充小石块与砂子。城内东北角建有登城的台阶状踏道。北城南城墙中部开城门，宽约4米。南城呈长方形，略大，其北墙共用北城南墙并向西沿筑。城址东西长约64、南北宽48米。墙

达巴图古城北阴山山脉

达巴图古城全景（西—东）

大城西墙（北—南）

大城西南角（东北—西南）

大城南墙（西—东）

大城东墙（南-北）

大城南墙（东-西）

体较窄，宽约2、残高2米。在南墙中部开门。城内有石砌房址八座，并有现代建筑痕迹。地表曾采集到汉代铁釜残片、铁甲片、铁箭镞以及泥质灰陶残片。

在城址西北部缓坡之上，有一段东北—西南走向石墙，长约300米，墙体用石片垒砌，中部填以砂石，东北方向与巴图沟对面石墙遥相呼应，西南方向的山包顶部有一石砌烽火台，再往西南则不见有石墙延伸。

达巴图古城南北两座城址建筑风格明显不同，并非为同时代一次建成。古城西北发现的长城遗迹延伸至此处截止。据此有学者推断北城为战国晚期赵武灵王所筑高阙，南城为汉代扩筑，辅佐北城防御。它的发现对于探索赵长城的西部边界、高阙位置以及汉代在阴山南麓西段的防御系统均具有重要意义。

大城东门（西—东）

小城西墙（北—南）

小城南墙（东—西）

小城东北角及台阶（西南-东北）

小城内地貌（东北-西南）

小城北墙（东-西）

山峰

小城东墙（东南-西北）

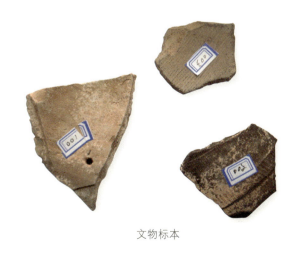

文物标本

25 磴口县哈隆格乃石城（鸡鹿塞古城）

撰稿：李倩　李建新
摄影：王浩　李建新

全国重点文物保护单位。

位于磴口县沙金套海苏木巴音乌拉嘎查北，建于巴彦乌拉山哈隆格乃山谷口外西侧一级台地上，西依陡壁，南北两面为斜沟，地势险峻，极难攀爬。由于常年风雨侵蚀和人为攀登，古城受到一定程度的损坏。

古城平面呈正方形，南北向，边长68米。城墙用花岗岩和花岗片麻岩砌成，内充沙石，整齐坚固。基宽5.3、顶宽3.7、高5~8米。南墙略偏西处设一门，门外加筑长方形瓮城，瓮城南北14米，东西21米，东面开门。城四角有凸出的角台，南墙东半部有斜坡形登顶蹬道。城中有石筑房基1座，东西长8.8、南北宽6.25米。城西侧有一道塞墙。城内采集有汉代的绳纹砖、瓦，灰陶弦纹罐、盆，夹砂灰陶粗绳纹釜残片及铜镞、弩机部件等。

《汉书·地理志》在朔方郡窳浑城下有注文曰："有道西北出鸡鹿塞"。目前已知磴口县沙金套海城址为汉代窳浑古城，在窳浑古城西北沿巴彦乌拉山一带，哈隆格乃沟是一处最大的山峡，是从乌兰布和沙漠北部通向山后地区最易通行的一条天然谷道。从哈隆格乃山峡的南口向

哈隆格乃石城全景（西南—东北）

鸡鹿塞

鸡鹿塞古城全景（北—南）

东南行约20公里，即到达窳浑古城，是沿山一带到达窳浑的最短距离。山峡最南一段约10公里，两壁山崖陡峭，形势险要，而谷底却地势平坦，汽车可以畅行无阻。在古代，这里应该是从阴山以南进入蒙古高原的一条捷径通道，地理位置重要。在这段峡谷之内东西两壁的不同高度上，发现了十余处汉代石筑烽燧、堡寨、坞障遗址，其中规模最大的当属哈隆格乃石城。哈隆格乃石城高踞峡谷南口，北控阴山山谷，南屏山南平原，与窳浑故城互作犄角之势，拱卫着朔方郡，地理位置险要。从哈隆格乃石城和窳浑县故城的里程方位，再结合文献记载，确定这座石城应当是汉代鸡鹿塞故址。

鸡鹿塞古城建于汉武帝元狩三年（公元前120年），是当时重要的军事要塞，是西汉时期中原和匈奴经济政治往来的重要关卡，也是我国古代最早的瓮城之一。相传汉将卫青、霍去病在此击败匈奴右贤王。呼韩邪单于曾由此出塞，窦宪出兵大败北匈奴也由此出塞。《汉书·匈奴传》记载："单于就邸月余，遣归国……汉遣长乐卫尉高昌侯董忠、车骑都尉韩昌，将骑万六千，又发边郡士马以千数，送单于出朔方鸡鹿塞。"这座巍峨的鸡鹿塞虽然历经两千多年，仍屹立在山坡上，成为汉朝与匈奴友好往来的历史见证。

城内现状（南—北）

烽燧

烽燧

‖26‖ 巴彦淖尔战国赵北长城

撰稿：李倩　胡延春

摄影：七十四　胡怀峰　菅强

全国重点文物保护单位。

战国时期的赵国曾修筑过南长城和北长城，位于内蒙古境内的是北长城，俗称赵北长城。巴彦淖尔境内的赵北长城位于乌拉特前旗乌拉山南麓山脚下较平缓的二级台地上，北依乌拉山山脉，险峰陡峻据为天险。长城南为河套平原，墙体南北两侧多为草场，山水冲沟和冲积扇较多，砾岩遍布。所处位置是农牧结合区，长城以南农业为主，以北畜牧业为主。该段赵长城为战国时期赵国的北部疆界西段，是东西横亘在巴彦淖尔市境内四条长城中位置最南、时代最早的一条，秦汉延用。

该段长城因险傍山而筑，东以白彦花镇乌宝力格嘎查东端与包头市哈业胡同乡交界处为起点，西以公庙子嘎查西端乌兰布拉格沟沟口为止点（此沟口以前称为大坝沟口，长城调查时统一命名为布拉格沟沟口），中途经过和顺庄、红旗队、小庙子、哈拉汗、公庙子，东西总长约53公里，其中因自然或人为因素损毁消失约24公里。

该段长城大部分为夯筑土墙，残基宽6~8、顶宽3~5、残高1~3米不等。夯土土质较黄，夹杂砂粒较多。局部墙体为石

块垒砌，残宽2～4、高1～2米。长城保存状况较差，受风沙侵蚀、山水冲刷、人为破坏等因素的影响，墙体遭受一定程度的破坏。有的土筑墙体因常年泥土淤积被深埋地下，形成高出地表1～1.5米的土陇。

《史记·匈奴列传》记载："赵武灵王亦变胡服，习骑射，北破林胡、楼烦，筑长城，自代并阴山下，至高阙为塞，而置云中、雁门、代郡。"赵武灵王所筑长城，起自河北省西北部的蔚县，沿洋河进入内蒙古，向西沿辉腾沟（阴山东段）、大青山、乌拉山南麓的平缓地带伸延，至乌拉特前旗布拉格沟沟口为止，内蒙古境内全长约500公里。自布拉格沟沟口以西的乌拉山西段为险峰陡岭，可据险扼守，未见有长城遗迹。北魏地理学家郦道元在《水经注·河水》中对阴山南麓的这段长城记载说："芒干水（即今大黑河）

北大坝沟赵长城1段

北大坝沟赵长城烽火台

哈拉罕嘎查14段

又西南径白道南谷口，有城在右，萦带长城……顾瞻左右，山椒之上，有垣若颓基焉，沿溪亘岭，东西无极，疑赵武灵王之所筑也。"经过调查与文献对照，乌拉山南麓长城即为赵长城大青山南麓中的最西端的一段。此段长城于公元前306年开始修筑，是中国历史上最早的长城遗迹之一，距今2300多年。

战国时期，赵武灵王采用胡服骑射后，势力向北扩张。公元前307年攻入阴山以南地带，将原居住于此的林胡、楼烦等北方民族驱逐到河套以内（巴彦淖尔狼山南及鄂尔多斯地区）。为了御防北方游牧民族的侵扰，在阴山南麓一线构筑了军事防御工程——赵北长城，形成了一道坚实屏障。因此，在大青山、乌拉山以南地带发现有赵国文化遗存，狼山一带却未发现战国遗迹或遗物，证实赵武灵王扩张以

红旗队嘎查5段

小庙子嘎查1段

后的版图，西端只到西山嘴一带。

另外，在长城以南还发现有大量烽火台、三顶帐房古城及公庙沟口、张连喜店城障等军事设施遗址，它们是当时的属县或郡址所在，时代从战国延续到汉代。这些城障和郡县遗址与长城关系密切，它们北依乌拉山为屏障，南有黄河为天险，中间烽燧相望，共同组成了赵国北部一道坚固的防线。而赵北长城又起到括地广境，把农牧分界线向北推移的作用。

‖27‖ 乌拉特前旗张连喜店障址

撰稿：王建伟　胡怀峰
摄影：胡怀峰　菅强

巴彦淖尔市重点文物保护单位。

位于乌拉特前旗乌拉山镇蓿亥张连喜店村东南，是一处战国秦汉时代的障城遗址。障址地处乌拉山南麓的蓿亥滩，南临黄河，为黄河农耕灌溉区。

1984年，全国第二次文物普查时，对张连喜店障址进行过调查、记录、测量等工作。21世纪初，全国第三次文物普查时，对城址的保存现状进行了调查、记录，勘测城墙范围。

障址基本呈长方形，东北角作圆弧形，残存东墙与北墙，西墙和南墙因乌拉山山水冲刷及开垦土地遭到破坏，基本消失。北墙残长约1100米，东墙残长1170米。城墙夯筑，基宽8～12、残高1.5～2.8米。东墙中部加筑瓮城，障外40米接筑坞

张连喜店障址

城内遗迹

墙，残高不足1米。城址内采集有灰陶弦纹罐残片、"五铢"钱和铜镞等。

　　障址正处于赵长城西端起点附近，北有赵长城，为长城的军事附属建筑，战略位置十分重要，因此秦汉时期还继续沿用，为当时的中原王朝保卫北疆起到重要作用。

城墙

采集的遗物

‖28‖ 乌拉特前旗公庙子沟口障址

撰稿：李权　胡怀峰
摄影：胡怀峰　菅强

位于乌拉特前旗白彦花镇呼和布拉格嘎查公庙子沟口，公庙沟是乌拉山南麓的一条小沟，沟内山峰为乌拉山最高主峰之一，可远眺大山前后。障址则位于沟口、

呼和布拉格沟东侧台地上，北墙紧依战国赵长城。现城址因破坏已经模糊不清。

20世纪50年代李逸友先生沿乌拉山调查境内的城堡遗址时发现该障址，在地面

城址全景

采集粗绳纹砖、瓦残片及方格纹陶片等，认定为汉代戍边的城堡，时称公庙沟口汉代城堡。80年代，第二次文物普查中曾对公庙子沟口障址做过调查记录。21世纪初第三次文物普查时，又对障址的保存现状进行了复查、记录。

障址平面呈方形，边长140米。夯筑土墙，残基宽3.5、高0.5～2米。四角有角台，门址不明显。采集有灰陶弦纹罐、筒瓦、板瓦、卷云纹瓦当残片及"半两"、"五铢"铜钱等，未发现汉代以后的遗物。

障址紧依战国赵长城，为附属于长城的军事设施，与当时的戍边有关。从城内出土物分析，障址的使用年代从战国延续到汉代。它为赵国、秦、汉王朝的北疆防御起到一定程度的作用。

‖29‖ 巴彦淖尔秦汉长城

撰稿：李倩　胡延春
摄影：胡怀峰　刘斌　李建新　王浩　七十四

全国重点文物保护单位。

秦朝建立以前，匈奴活动在阴山以北地区。秦朝建立后，为了加强边境防御，秦始皇三十二年（公元前215年），派遣蒙恬北击匈奴，略取河南地，"筑长城，因地形，用制险塞，起临洮，至辽东，延袤万余里"。秦朝末年，烽火四起，中原群雄逐鹿，边郡无暇顾及。匈奴冒顿单于乘机南下，塞上所置郡县再次成为匈奴人的游牧地，直至西汉初期，汉与匈奴形成南北对峙局面。武帝时期，国力强盛，元朔二年（公元前127年），派遣大将卫青、李息率兵北上，出云中至高阙，一举夺回阴山河南地区，建朔方郡，改秦九原郡为五原郡。斥逐匈奴阴山以北，修缮加固秦长城为防线，在沿线的交通要冲增筑了亭障列燧，形成了一条更为完备的军事防线。在长城沿线及亭障烽燧内散布有汉代筒瓦、板瓦、铜镞、"五铢"钱等，证实秦长城在汉代确实继续沿用，故我们称这段长城为秦汉长城。

1964～1976年间，内蒙古文物工作队对巴彦淖尔市境内的秦汉长城进行了多次调查，基本摸清了长城的分布、走向和构筑情况。唐晓峰先生通过实地调查秦汉长

城遗迹及增隆昌城址等亭障遗址，结合出土物，判断秦长城利用了部分赵国旧塞，西汉时期又被修缮利用。同时详列了内蒙古境内的秦长城走向及位置，介绍了秦长城石垒、土夯等建筑方式，推断狼山山脉中段的石兰计山口为秦汉时期的高阙塞。鲍桐先生对乌拉特中旗、后旗境内的秦汉

小佘太长城墙体〔东—西〕

小佘太长城

小佘太广申隆13段

小佘太增隆昌2号烽火台

长城进行考察，发现沿途石兰计沟障址及达拉盖沟烽燧址等遗址，采集到灰陶片等汉代遗物。

　　巴彦淖尔市境内秦汉长城主要分布于乌拉特前旗、中旗、后旗、磴口四个旗县。根据其建筑形制、走向、分布位置的不同，分为东、西两段。东段以包头市固阳县西斗铺镇王如地村西北部与乌拉特前旗小佘太广申隆新村东北部两市交界处为起点，沿阴山山脉东段查石太山北脊蜿蜒西行，经板申图沟、灰腾沟、苏吉沟进入乌拉特中旗部北乡南境与乌拉特前旗小佘太乡北部交界地带，沿色尔腾山北坡向西行。经德岭山水库南山北脊向西穿越乌不浪沟北口，沿阴山山脉狼山北麓过塔本陶勒盖河槽、呼勒斯太沟，经过石兰计沟北口（狼山口）逶迤向西至乌拉特后旗达拉盖沟北口东部为止，全长230余公里。

小佘太鲁家地村04段

东段长城基本是由东向西沿阴山北脊依自然山势修建，墙体时而攀缘绝顶，时而又浮沉溪谷，逶迤于群山沟壑之间。墙体一般外侧高峻挺拔，内侧相对低矮缓平，敌方从北侧来，易守难攻。东段长城墙体95%以上为石砌，就近取山岩中体积较大、体形规整的石块或板岩交错铺基砌壁，然后用小砾石填充，叠层垒砌，最后用片石板岩封顶。石砌墙体剖面大致呈等腰梯形，基宽3～4、顶宽2～2.5米，外侧壁高3～4，内侧壁高1.5～2米，个别地带可高达8米以上。个别地段为土石混筑或夯土建造。土石混筑墙体出现在山势平缓、石料不足而积土易取的地方，先用自然石块铺基垫底2～3层，高30～50厘米，再于石基上加筑夯土墙。夯土建造的长城墙基不加筑基石，直接在地表用板筑法起建夯土墙。在墙体剥蚀或断崖处可见到清晰的夯层。在山势陡峭处，利用山体陡壁将人工墙体与自然陡壁连接，形成山险墙。若陡壁有缺损或低洼处，则用岩石缮补，使其完整的与长城融为一体。为避免山洪冲击、预防墙体坍塌，建于山涧沟谷汇流处的长城墙基和墙体都明显坚固。为了分水导流、及时泄洪，依据沟谷的宽度和水量的大小，在城墙的下方修建有若干个水门。在长城南侧较平缓、视野开阔的山脊上，每隔300～500米设有一座石砌的烽燧，沿线还设有障塞、兵营等一系列作为警讯和驻军的附属设施。

西段长城是修建在阴山山脉狼山西段的长城遗迹。长城在乌拉特后旗达拉盖沟南口处折而向西，沿狼山南麓西行，经乌拉特后旗大坝沟、大坝图沟、磴口县北部哈隆格乃沟、格尔敖包沟、阿贵沟、布

都毛道沟，然后入阿拉善盟境内又折向西南过黄河，经鄂尔多斯西北部进去乌海市继续向西延伸。此段长城尤其是磴口县境内一段，因处于乌兰布和沙漠内，长城遗迹多被风沙掩埋和风蚀，只在狼山东南麓见有遗迹。西段长城不论在建筑格局、军事设计还是地理位置上均与东段长城形成极大的反差。东段长城是沿阴山山脉北脊东西横贯，而西段长城则转移到了阴山南

麓，因为阴山西段山势险峻、沟峡谷隘、地形复杂，而且南北跨度大，海拔在1500米以上，具有天然屏障的优势，所以多处地段以陡峻的山梁防守，未筑长城墙体，只在沟谷口外的山峰上兴筑烽燧。阴山天险阻隔大漠南北，匈奴大军想翻越这座大山并非易事，需要借助山间峡谷通道进入秦汉之地。所以守军因山为固，采取了重点据守要隘关口、掐南北咽喉之路、沿线设置烽燧的军事防御策略，可谓聪明之举。

在阴山西段较大的、可通南北的沟谷有五六处，长城主要修建于这些谷口要冲地带，目的是拦截和切断谷口通道。而在谷口河床之上，墙体继续向左右延伸开去，长度在几公里甚至十几公里。墙体完全用石块垒砌而成，但规模略小于阴山北脊的东段长城。基宽一般在2～3、高约

汗乌拉长城远景（西南—东北）

2~3米，个别地段建有山险墙和挡马墙。在长城内侧谷口台地建有塞亭障城，在山顶和山前台地出现转折和地形突变处建有烽燧。烽燧包括土筑和石砌两种，边长5~10、残高2~4米。这些障塞烽燧连成一线、相互呼应，构成了坚固的军事防线。

巴彦淖尔境内的秦汉长城是抵御匈奴内侵的最关键地段，也是秦汉长城中保存最为完好的段落，尤以狼山东段和查石太山段保存状况最佳。其中灰腾沟和板申图沟内各有2公里地段的石砌长城，基本保持原貌，墙高5、墙基宽约5、顶宽

前达门烽燧地表散落的陶片

前达门烽燧

塔本陶勒盖段障塞（西一东）

佘大农场新村13段

塔本陶勒盖段墙体（东一西）

约2米。这段长城，完全以阴山山脉为依托，因地形边险制塞，形成了以长城墙体为主脉，烽燧、障塞为前哨，郡县布防为后盾的军事防御体系。它的修筑使北方地区在一段时间内出现了政治上相对稳定的局面，有利于各族经济的发展和生活的安定。

塔本陶勒盖段长城远景（西—东）

‖30‖ 乌拉特前旗增隆昌城址

撰稿：李倩　胡怀峰
摄影：胡怀峰　菅强

位于乌拉特前旗小佘太镇增隆昌村水库北岸，城址地处小佘太川东部丘陵地带，北靠查石太山，南依巴音查干山。北侧为查石太山内的秦汉长城，南侧有小河自东向西流过，于城西潜流于河床内。城内现为农田，水库泻洪渠从中穿过。经年累月的风雨侵蚀、开田种地等导致城内文化层遭到一定程度损坏，但城墙保存较好。

1971～1973年，李逸友先生踏查了增隆昌城址（当时称为增隆昌古城）及其附近数十公里内的秦汉长城和烽燧遗迹，对古城所在位置、周围环境、城墙范围等都做了详细调查和记录。

城址平面呈长方形，南北315、东西310米。城墙为黄土夯筑，残基宽6、残高3～4米。南墙中部开门，门址宽15米。城墙四角设有角台。中央偏北处有一大型建筑基址。北墙偏西部有一处向外凸出的建筑台基，为城楼遗址。北高南低，高差约5米。城内北部文化堆积层大多随水土流失，南半部文化层堆积较丰，厚约3米。地表散布有灰陶弦纹罐、绳纹砖、瓦当、板瓦、筒瓦和铜镞、"五铢"钱等。其中灰陶胎质较细，火候较高，是常见的汉代

城内建筑遗迹

增隆昌城址

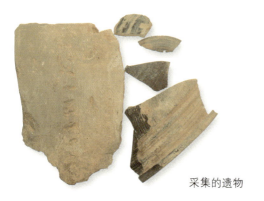

采集的遗物

遗物。中央建筑基址处残存的瓦当，为简略的花瓣纹，当心有一凸起的大圆圈，四周环以七个不规则的小乳突，纹饰十分简陋，为北魏莲瓣纹瓦当的滥觞。从城内采集的遗物推断，增隆昌城址兴筑于汉代，北朝时期曾对城垣进行改造后再次利用。李逸友先生认为增隆昌城址为五原郡所属某县或长城上障塞，所建年代早于徐自为筑五原塞外列城，所以它不是《汉书》中所记的"光禄城"或

"光禄塞"，而应是北魏郦道元《水经注》中记载的"光禄城"。

在增隆昌城址北部有长城遗迹，为蒙恬所筑秦长城，汉代沿用并加以修缮。该段长城多用不规则的石条垒砌，局部残高4～5米。在城址西北约3公里的灰腾沟北坡上有一段长约500米的长城，保存最为完整。墙体整齐屹立，高达5米。这一带的长城每当穿越山谷或沟涧时，都筑有水门，沿线上烽燧甚多。李逸友先生曾这样评价该段长城，"增隆昌古城附近兴筑的长城工程质量好，与长城相关的设施如此密集，这是在别的地方少见的现象，反映了这座古城在长城沿线的重要地位"。

增隆昌城址城墙（西—东）

31 乌拉特前旗哈拉盖烽燧址

撰稿：史静慧　胡怀峰
摄影：胡怀峰　菅强

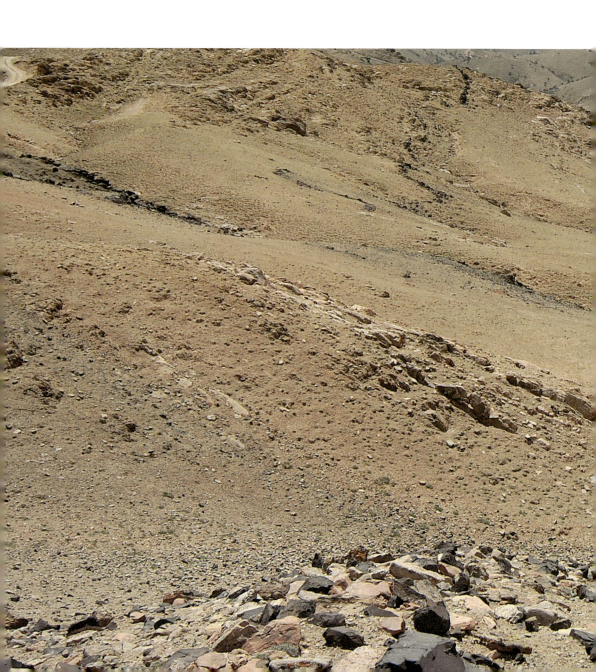

位于乌拉特前旗额尔登布拉格苏木白彦花嘎查哈拉盖沟口东侧山顶，是一处战国秦汉时代的长城附属设施。烽燧南为乌拉山主脉，北为额尔登布拉格草原，地处山地丘陵，烽燧址周围植被稀疏。1984年第二次文物普查时对哈拉盖烽燧址进行调查。

哈拉盖烽燧址是单体烽燧，是连接乌拉山至查石太山汉代长城的中继站。南有一段石垒长城向南入沟，西面可俯瞰河套平原。烽燧址平面呈圆角方形，边长6、高约2.5米。墙体为石块垒砌，厚约1米，南壁有入口，宽约1.2米，外侧砌有台阶。自西壁南端向南砌有坞壁，残长约50、残高1.5米。因为年代久远，受风雨侵蚀严重，烽燧体严重受损，墙址基部坍塌为斜坡状，裸露出清晰的夯层。在烽燧内采集有灰陶弦纹罐残片等汉代遗物。

哈拉盖烽燧址（北大坝沟赵长城5段）

‖32‖ 乌拉特中旗秦达门长城烽燧

撰稿：张文惠　刘斌
摄影：刘斌

秦达门烽燧内侧（西-东）

位于乌拉特中旗呼勒斯太苏木北阴山南麓狼山秦达门段，烽燧修筑在一座山峰上，为长城附属军事设施，烽燧平面呈长方形，石砌结构，残墙高1～1.5、墙体宽1米，烽燧长15、宽8米。

由于年代久远，受风蚀雨剥等自然因素的影响，加之经历多次战争动乱，多年无人看管，致使烽燧受到较大程度的损坏。烽燧整体保存一般，东墙与北墙尚有墙体遗存，西墙南墙已大部坍塌，内有石块等堆积物。

秦达门烽燧外景（东—西）

秦达门烽燧（西北—东南）

║33║巴彦淖尔汉外长城

撰稿：李倩　胡延春
摄影：七十四　霍建国　刘斌　萨日娜

全国重点文物保护单位。

西汉武帝时期，国力强盛，府库充盈。武帝遂改策略，抗击匈奴，并两次在阴山地带修筑长城。元朔二年（公元前127年），武帝遣车骑将军卫青"出云中以西至陇西……于是遂取河南地，筑朔方，复缮蒙恬所为塞，因河为固。汉亦弃上谷之什辟县造阳地予胡，是岁，汉之元朔二年也。"河南地泛指今乌加河（黄河故道）以南，包括今鄂尔多斯和河套地区。这次主要是修缮秦代的旧长城。太初三年（公元前102年），"汉使光禄徐自为出五原塞数百里，远者千里，筑城障列亭至庐朐。而使游击将军韩说、长平侯卫伉屯其傍，使强弩都尉路博德筑居延泽上。"这次是在阴山以北、蒙古高原新筑的长城。为与元朔二年（公元前127年）修筑长城相区别，这两条由徐自为兴筑在五原塞以外的长城称为"汉外长城"、"外城"、"光禄塞"，是五原郡和朔方郡北面的防御设施。

汉外长城处于狼山以北的蒙古高原上，两条长城东西横亘，近似平行，蜿蜒而行，分为汉外长城南线和北线。关于汉外长城的走向，史书中有简单记载。《汉

书·武帝纪》记，汉外长城出五原"西北至庐朐"；《史记正义》："《地理志》云'五原郡固阳县北出石门障，得光禄城，又西北得支就城，又西北得头曼城，又西北得虏河城，又西北得宿虏城。'按：即筑城障列亭至庐朐也。"可见徐自为所筑的外城的位置应从五原郡东北开始，向西北延伸。

汉外长城北线由武川县出发，经达茂旗红旗牧场，进入乌拉特中旗。北线东西横贯乌拉特中旗北部，东起自桑根达来苏木阿布日拉音哈雅，西行至都图西北中断；在乌兰苏木努呼日勒再次出现，向西伸延至巴音杭盖苏木温都尔胡硕东南中断；到巴音查干东北出现，西行至额和音查干西北方伸入乌拉特后旗境内。北线从乌拉特后旗北部巴音达门苏木巴音查干东北进入，折向西南方向延伸约10公里中

外长城南线墙体（乌特拉后旗段）

断；在宝音图苏木见有一段向西南行，再于道劳呼都格出现，向西行进至苏亥北面中断；又于苏亥西北方再次出现，折向西北行，在乌力吉苏木西北部进入蒙古国内。汉外长城北线在内蒙古地区全长500余公里，在巴彦淖尔境内全长约300多公里，墙体有多处中断。

外长城南线东起武川县的马鞍山顶上，西行至固阳县，再西北行，由达茂旗和日木进入乌拉特中旗。南线贯穿乌拉特中旗中部，东自新忽热苏木毛仁楚鲁向西北延伸，至哈日阿图西面中断；再在乌兰苏木呼和额日格北出现，向西伸延经川井、巴音杭盖苏木南，再西伸入乌拉特后旗。南线在乌拉特后旗北部东西横贯，

主要位于草原地带。东自巴音前达门苏木南部进入，西行经和热木音呼都格、查干德日新，再经格日勒图苏木折向西南，经宝音图苏木南部、西行至乌兰呼热、乌力吉苏木苏亥，至苏根乌素北折向西北行，经朝鲁库伦、海力素，至查干滚乃呼都格北进入蒙古国，又转而西行，进入额济纳旗，与居延塞东北端的烽燧相接。汉外长城南线在内蒙古境内全长约498公里，巴彦淖尔市境内全长约330公里。

南北两道长城相距2.5～40公里不等，它们的走向、修筑方式、保存状况等基本相同，为同一时期修筑的。其目的是为加强防御能力。两条长城将草原分割成南、北两大部分，跨过北部草原不远的地

南线呼和陶勒盖长城远景
（乌特拉中旗　东—西）

长城调查身影（乌特拉后旗）

外长城南线石墙（乌特拉后旗）

方，就是戈壁大漠，即古代的瀚海。

两条长城的修筑方法皆是因地制宜，草原上均为夯土筑成，受风雨侵蚀，长城遗迹变得低矮，仅见地面上高约0.5~1.5、宽约3~6米的土陇。从断面上夯层清晰可看。山丘上的长城则是石垒。用青灰色石片交错叠筑而成，壁面整齐，保存较好。有的地方数十里相连，非常壮观。石筑长城基宽约3.5、顶宽2.5~3、

残高2~2.5米。还有一部分长城外壁石块垒砌，内实夯土或碎石。因年代久远大多已坍塌，残基底部宽约3.4、高约0.5~1米。土石混筑城墙与石砌城墙的基础连接在一起，说明是同一时期建筑的。

在长城沿线南侧，散布着大大小小的障城和烽燧遗址。烽燧之间相距约2.5公里，一般是方柱形，残高约3米。多夯土建筑，保存较好。障城为石筑或夯筑，每个障城之间相距约10公里，离长城约50~200米，位置随着长城的曲折而调整。障城近方形，大的边长约450米，小的边长约130米。较为重要的障城有青库伦障城、乌兰库伦障址、乌力吉高勒障城、朝鲁库伦障城等。其中朝鲁库伦障城还曾进行过试掘，出土了一批汉代遗物。外长城北线南侧的障城遗址和烽燧遗址较少，比较重要的有乌拉特中旗的台郭勒障址，障址内采集有卷沿罐、盆等汉代陶片。

34 乌拉特后旗朝鲁库伦障城址

撰稿：李倩　七十四
摄影：萨日娜　包文亮

内蒙古自治区重点文物保护单位。

位于乌拉特后旗潮格温都尔镇西尼乌素嘎查西北、汉长城南线西南，此段长城为石筑，构筑坚固，气势雄伟。古城所在地为茫茫戈壁滩，植被很少，城东25米处有一条季节性河流，名为高勒布桑旦赛拉河，西北2公里为沙漠。朝鲁库伦障城是汉长城附属军事设施。

朝鲁库伦为蒙古语，汉语意为石头城。障城坐西北朝东南，方向南偏东10°。平面呈方形，东西127.5、南北126.5米。墙体内外包石，中间加入土石。北墙西部和西墙北部残基比较明显，南墙保存较好，墙体宽约2.5米。东墙正中开门，宽6米，门外加筑马蹄形瓮城。瓮城东西9.6、南北12、基宽约5.5米。古城南、西、北墙体中央都有阶梯形登城踏道。城墙四角设有角台。城内西南部有一个大院痕迹。古城内发现有方形、长方形石砌房屋遗址九处。

全景（西南至东北）

1976年出土绳纹筒瓦、板瓦和"千秋万岁"瓦当，还见灰陶瓮、盆及纺轮残片、夹砂陶小坩埚、砝码、铁链、盾鼻、甲片、残剑及"五铢"铜钱等，时代为西汉中期。在城内还采集到西夏时期的遗物，并发现西夏时期房址，说明古城在西夏时期曾被再次利用。

虽然障城的名称现已不能确考，但根据其与汉外长城南线的位置关系推断，其应为汉武帝时徐自为所筑的亭障列城之一，建于太初三年（公元前102年）。《史记·匈奴列传》载，太初三年"汉使光禄徐自为出五原塞数百里，远者千里，筑城障列亭至庐朐。而使游击将军韩说、长平侯卫伉屯其傍，使强弩都尉路博德筑居延泽上。"《汉书·地理志》五原郡稒阳县

下注称："北出石门障得光禄城，又西北得支就城，又西北得头曼城，又西北得虖河城，又西得宿虏城。"目前调查发现的障城遗址，远远超出这个数字。但是众多的障址内，很少有出土遗物像朝鲁库伦障城这样丰富的，可见朝鲁库伦应是一个重要列城。光禄、支就、头曼、虖河四城，排列顺序是由东南向西北，有可能是顺延着东南向西北的长城沿线而设，而宿虏城则是在东西向的长城沿线。这样的障城分布位置记录及推测出的长城走向，与后旗境内的汉外长城南线走向一致。朝鲁库伦恰处于东西向的长城沿线上，盖山林、陆思贤先生因此"怀疑它是宿虏城"。当然，它也可能是徐自为所筑没有记录名称的障城之一，但其作用不言而喻。

瓮城（西—东）

东墙（南—北）

城内（西北—东南）

西墙（北—南）

西墙（南—北）

地表遗物

35 乌拉特后旗青库伦障址

撰稿：李倩　丹达尔
摄影：萨日娜　包文亮

内蒙古自治区重点文物保护单位。

青库伦障城址又称"土卜格"，是蒙汉混合语，意为"青色的城框"，位于乌拉特后旗乌力吉苏木汉外长城南线西南约50米，西北距朝鲁库伦障城约10公里。周边地势平坦，视野开阔。墙体现成土陇状。城址内及外围长有蒿草、柠条等。

1975年内蒙古文物工作队发现该障城遗址。1976年内蒙古文物工作队对城址进行了测量，对障城周边地形进行考察，并在城内进行试掘，出土了一些西夏时期遗物。1984年第二次文物普查时，对城址范围进行再次测量。第三次文物普查时，对遗址的保存现状进行了记录，采集了一些遗物。

障城坐东北朝西南，方向北偏东20°。平面呈方形，边长约130米。城垣由土石混合夯筑而成，墙体顶部宽约5.4、基宽约6、残高1~2米。东墙正中开门，门址宽6米。门外加筑方形瓮城，边

障址全景

青库伦障址城内（西北—东南）

西墙（南—北）

西北角（南—北）

长11、基宽约5.1米，城门南向，门宽3.3米。城址四角设有角台，内侧均有登城踏道。南、北、西墙的中央较高且向外突出，为马面踏道。1976年内蒙古文物工作队在城内西南部发现四个较低平的房屋基址，但并未采集到遗物。在城内试掘时，出土有石夯、木椽、黑白瓷片和马、牛、羊的骨头等，均为西夏时期遗存。

根据青库伦障城与朝鲁库伦障城及其与汉外长城南线的位置关系，推断其是汉武帝时期徐自为修筑的列城之一，为汉代戍守北边长城的士兵驻扎之所，西夏时期曾被沿用，军事防御性质明显。

瓮城（西—东）

东墙瓮城（北—南）

36 乌拉特后旗乌力吉高勒障址

撰稿：宋国栋　霍建国
摄影：包文亮

内蒙古自治区重点文物保护单位。

位于乌拉特后旗乌力吉苏木东北8公里处，其北约400米为汉外长城南线，西南侧有乌力吉高勒河床。障城处于地势平坦的高原地区，视野开阔。由于自然及人为损毁，城址保存较差。

1975年发现乌力吉高勒障城。1976年内蒙古文物工作队测量了该城，对障城周边地形进行考察，并在城内进行了试掘，出土汉代绳纹陶片。1984年全国第二次文物普查时对障城的范围、城内遗迹等进行测量和调查。第三次文物普查时，对遗址的保存现状进行了记录，采集了城内遗物。

障城略呈方形，南北约128米，东西约130米。城墙为夯筑土墙。北墙墙体顶

北墙（西—东）

宽3.3、基宽7.4、残高1.5米。东墙中部设门，门址宽5.8米，门外加筑长方形瓮城。瓮城东西约9.6、南北8.5、残高约2米。瓮城门朝南，门址宽约2.6米。障城的南、西、北三墙中部都有登城踏道，四角设有角台。城址南墙外侧有护城的围墙（坞壁）及护城壕，围墙距城墙约11.3米，残高0.5、宽约2米。城内发现有汉代灰陶片、黑陶、红陶片。

乌力吉高勒障城也是汉武帝时期徐自为修筑的列城之一，它是汉代戍守北边长城的士兵驻扎之所。

地表文物

‖37‖ 乌拉特后旗乌兰库伦障址

撰稿：萨仁毕力格　霍建国
摄影：萨日娜　包文亮

　　位于乌拉特后旗潮格温都尔镇西尼乌素嘎查北10公里，北距汉外长城南线约100米，四周地势平坦，西北侧有河床，西北约10公里处是青库伦障城址。城垣坍塌呈土陇状，保存状况较差。

　　乌兰库伦意为"红色的城垣"，1975年发现。1976年内蒙古文物工作队对古城进行调查，测量了城墙长度和城址范围，

采集城内遗物。1984年全国第二次文物普查时，对障城的范围、城内遗迹等进行测量和调查。第三次文物普查时，对遗址的保存现状进行了记录。

　　障址平面呈长方形，东西约134、南北约128米。城垣为夯筑土墙，内含少量砂石，残基宽约6、高0.5～1米。东墙中央开门，门址宽4.5米。门外加筑马蹄形

乌兰库伦障址全景（西—东）

西墙（北—南）

西北角（西—东）

西南角（西—东）

城门及瓮城（西—东）

瓮城，东西10、南北10米，墙体宽约4.3米。瓮城门址朝南，宽约3米。城门内侧两边有登城踏道。古城四角设有角台，西南角和西北角角台痕迹明显，现呈圆形土丘状，黄土夯筑，夯层厚约9～10厘米、残高1.5米左右。西南角角台长5.8米。城内地势平坦，有沙丘散布。1976年调查时采集有石杵、黑釉瓷片、灰红色陶壶和宋钱"元祐通宝"等，三普时采集有汉代石磨、西夏釉陶、瓷片。

根据城内遗物特征及城址位置，确定乌兰库伦障址是汉武帝时期徐自为修筑的列城之一，它是汉代戍守北边长城的士兵驻扎之所。西夏时期曾被沿用。

38 乌拉特中旗台郭勒障址

撰稿：唐彩霞　刘斌
摄影：刘斌

内蒙古自治区重点文物保护单位。

位于乌拉特中旗巴音乌兰苏木东北伊和宝力格嘎查北7公里的草原地带，东面是南北向的河槽，西边是丘陵山坡。由于自然及人为原因破坏，城址保存状况较差。

1984年全国第二次文物普查时曾调查过台郭勒障址，对障城的范围、城内遗迹等进行测量。第三次文物普查时，对遗址的保存现状进行了记录，对现存城墙高度和城址范围进行再次确认和测量，采集到一些城内遗物。

障城平面呈长方形，由大、中、小三重城墙套合而成。大城城墙南北345、东西400、残高约0.5米。中城位于外城内偏西位置，两城相距约20米，外城墙也被称为坞墙。中城边长176、残基宽8米。中城东墙中部偏北开门，门址宽6米。小城

土陇状墙体（北-南）

位于中城中间，边长130米。中城北墙与西墙及内层小城墙体较为明显，残高1～2米，南墙较低，东墙不明显。城墙均为夯筑土墙。障城内有一处石砌房屋基址。地表散布有灰陶弦纹罐、盆等残片。

台郭勒城障址较一般障城面积要大，三重城垣也属罕见。根据城内遗物特征及城址位置确定，该障址是汉武帝时期徐自为修筑的列城之一，为汉代戍守北边长城的士兵驻扎之所。

这些障城遗址东西向排列在汉外长城南线内侧，是汉武帝时期为抵御匈奴由光禄勋徐自为出五原塞所筑，它们与北部外长城和沿线列城及烽燧，共同构成了一道严密而牢固的军事防线。其形制结构和所处的特殊地理位置，以及城中出土的遗物，对于研究和探索中国古代军事史、防卫体系、军事布局，以及当时的政治、经济、文化、民族关系、疆域分布等都有极其重要的价值和意义。

西部墙体·西向东

▍39▍ 乌拉特后旗乌兰呼舒城址

撰稿：李倩 霍建国
摄影：萨日娜 包文亮 刘斌

巴彦淖尔市重点文物保护单位。

位于乌拉特后旗潮格温都尔镇乌兰呼舒嘎查东约3公里。由于沙化严重，乌兰呼舒城址几乎被掩埋。

1984年，全国第二次文物普查时发现，对城址进行了测量。2009年，全国第三次文物普查时，对古城再次测量。

城址平面呈正方形，边长约130米。南墙和北墙痕迹相对清晰。城墙夯筑，基宽约3.5，残高0.5~1米，城墙四角有角台。东墙中部设门，门址宽6米。在南、西、北墙三面外有护城壕，深0.3米。第二次文物普查时在地表曾采集有白瓷碗、盘，黑瓷罐、壶等残片，时代为汉、西夏。

乌兰呼舒城址位于秦汉长城以北，汉外长城南线以南，布局于河流沿岸，形制大小与汉外长城南线附属障址大致相同。同样位置形制的城址还发现有红旗障址、红格尔障址等几处，这些城障址与南线长城的距离为8~14公里不等。另外，这些

乌兰呼舒城址景（东—西）

南墙（西—东）

东墙（北—南）

西墙（北—南）

红旗障址西墙（北—南）

城址往往成对出现，两座城址相距较近，但排列不甚整齐，甚至有的发生叠压关系。由此可知成组出现的两座城不是同一时期所建造。结合城内出土有西夏遗物分析，汉王朝修筑了这些防御城，西夏朝又对这一沿线的汉代城址进行了整修与增筑，用于边疆防御，从而形成了这种两城相近甚至叠压的情况。这些障址的发现，为研究汉代该地区的防御体系提供了新资料。

40 乌拉特前旗城二壕城址

撰稿：马婧　胡怀峰
摄影：胡怀峰　菅强

巴彦淖尔市重点文物保护单位。

位于乌拉特前旗额尔登布拉格苏木城二壕村南，地处乌梁素海东岸、额尔登布拉格草原冲积扇平原地带。城址西侧为唐王逆修墓，北部有唐代的坝头遗址，另外在坝头遗址以北有唐代天德军城，但现已湮没于乌梁素海内。

1984年，第二次全国文物普查曾调查该城址，命名为陈二壕城址。2009年，第三次文物普查时，更名为城二壕古城。另外还有一些学者对城址进行过调查考证。

城址平面呈长方形，南北120、东西100米。夯筑土墙，基宽13、残高1~2米。南墙中部设门，宽6米。四角有角

城二壕城址近景（北—南）

"长乐未央"砖

台。城内曾采集有绳纹筒瓦、"长乐未央"砖、泥质灰陶弦纹罐残片及"五铢"铜钱等遗物。

城址西北方向的坝头遗址，面积约3万平方米，地表可见居住址及建筑台基五处，曾采集有素面砖、瓦、莲花纹瓦当、白瓷碗、盆残片及"开元通宝"铜钱等，遗址年代为唐代。

根据文献记载，隋大同城以及唐天德军城、永清栅均设在城二壕村附近，因而城二壕城址曾被认为是隋大同城以及唐代天德军城。1976年城二壕村南唐王逆修墓的发掘，否定了城二壕城址为唐天德军古城，应为隋大同城。从城内采集文化遗物看，城二壕城址主要使用年代应该为汉代，城址结构也与汉障城相似，因而其初建于汉，在隋唐时期继续沿用。

▓41▓ 乌拉特前旗城圪台城址

撰稿：萨仁毕力格　胡怀峰
摄影：胡怀峰　菅强　刘斌

乌拉特前旗重点文物保护单位。

位于乌拉特前旗与乌拉特中旗交界处的大佘太镇苏独仑圐圙补隆村东北方向的城圪台，地处查石太山西端南麓，东西两侧各有一条河流在城圪台南侧交汇，城址南是乌梁素海与河套平原。现城址墙体部分倒塌，城墙外围底层被流沙覆盖，但轮廓清晰，总体保存较好。

1984年，第二次文物普查时对城址进行了调查测量。2009年，第三次文物普查进行了复查。

城址平面呈正方形，东南向，边长约60米。夯筑城墙，残高1.5～9米。四角筑有角楼。南墙正中有一门，门外有瓮城。

城圪台城址全景（北—南）

城址东墙

南门瓮城

城内遗物

墓葬发掘场景

墓葬清理完毕照片（南—北）

墓葬出土的陶器、骨器

墓葬出土的铁器

城内有建筑基址。地表散见大量砖、瓦及陶器残片等。根据采集物推断，该城年代涉及汉、北朝、清等。

第三次文物普查时，曾在城外西南方向，清理一座暴露于地表的墓葬。该墓葬破坏较为严重，距地表仅20厘米。竖穴土坑墓，双人合葬，骨骼较为散乱。出土有陶壶、陶瓶、陶杯、铁刀、骨镞、铁环、骨锥等。其中陶器出于墓主头脚两端，铁器置于腿骨附近。属鲜卑人墓葬，年代为北朝时期。

从形制结构上看，城圪台城址与汉外长城南线山口处设置的障城基本相同，应为汉外长城南线附属军事设施。汉代以后曾被北朝修缮使用。城圪台城址所反映的诸多信息，对于研究古代北部边疆地区防御性城堡的设置、布局、沿用情况以及所反映的社会文化变迁等有着重要意义与价值。

42 磴口县沟心庙墓群

撰稿：张煜鹏　程建蒙
摄影：王浩　李建新

内蒙古自治区重点文物保护单位。

位于磴口县沙金套海苏木沟心庙村东北，西部有一湖泊，湖泊沿岸以及中部小岛上发现有窑址三座。

1992年内蒙古自治区文物考古研究所曾在此发掘一批汉墓，出土了大量精美的汉代铜、陶、骨质器物。

墓葬分布在南北1500米、东西800米的范围内，排列较为密集，墓葬间距离10~15米，排列有序。地表多见封土堆。仅地表裸露的清晰可见的墓葬就有二十多座。墓葬为小型砖室券顶墓，以双人合葬为主。平面呈长方形，长4~6、宽2~3米，有斜坡墓道。地表散布着大量绳纹砖、陶片及铜、铁器残片等。根据墓葬形制及出土物推断，该墓群为汉代遗存。

墓群西部的三座窑址规格大体相同，间隔15~50米不等，窑址总体保存较好。

窑址全景（南—北）

窑址

窑址地表遗物（西—东）

窑址呈平顶圆丘状，最大一座直径25、高4米。遍地散落着大大小小的砖块，形状、颜色不尽相同。地表局部可见红烧土及灰烬。依据窑的形制及砖的特征推断其为汉代砖窑址。磴口地区汉墓较多，汉墓附近砖窑址也比较多见，沟心庙砖窑规模较大，在同类遗址中具有一定的代表性。另外在窑址西部集中分布有大量陶器、铜铁器残片，并发现古井一口，是与陶窑配套的居住址。

汉武帝北击匈奴，修长城建列亭，设郡置县，沟心庙一带在当时为朔方郡辖地。根据墓葬形制及出土遗物，判断墓葬年代为西汉中晚期到东汉早期，当属汉代移民河套屯垦戍边的历史时期。沟心庙墓葬对于研究汉代政治、经济、军事、边疆开发等具有重要价值，尤其是对河套地区历史沿革、黄河故道变化、农业开发以及农耕文化与北方草原游牧文化的相互影响等意义重大。

遗址西南部地表及遗物

地表遗物原状

汉砖残块

采集的陶片、铁器残片等

43 磴口县纳林套海墓群

撰稿：李倩　王浩

摄影：胡延春　王浩　李建新

位于磴口县沙金套海苏木纳林套海农场二连村东，西北距包尔陶勒盖城址（即汉代三封县故城）约10公里。墓群所在地原为丘状沙漠地带，位置较周围地区高。墓群东侧是大片石砾沙丘状开阔地，古黄河河道在此经过，并有成片生态林带；西侧有一砾状沙丘；西南也有生态林；北有一小部分砾滩。墓葬大多早年被盗。20世纪60年代以来，因生产建设墓葬遭到严重破坏，墓葬顶全都无存，地表裸露汉墓数座，保存现状较差。现墓群外辟为耕地。

1992~1993年，内蒙古自治区文物考古研究所与巴彦淖尔盟文物工作站对该墓群进行了抢救性发掘，共发掘墓葬45座。

墓群分布面积约7万平方米，地表均有封土堆，其中大砖墓和砖壁木椁墓的封土较高。主要为中、小型砖壁木椁墓，也有部分土坑竖穴墓、小砖墓和大砖墓。墓

纳林套海墓群远景（西—东）

墓葬封土堆（北—南）

汉墓发掘现场

汉代砖室墓

葬基本为长方形单室，有斜坡或台阶式墓道，方向为北或东向。多见并列双棺，为夫妇合葬墓，按男左女右放置。棺内人骨头向墓门，多见仰身直肢葬。出土陶器组合是壶、罐、井、仓、灶、扁壶、鸮壶、樽、鼎为主，铜器有壶、铜镜、当卢、五铢、半两钱等，有的还有少量骨尺、玉琀、琉璃器，另外还有零星的案、耳杯等漆器，腐朽严重。在墓群西侧有窑址两座，出土残砖块与墓葬用砖相同，是专门为建造墓室而烧砖的窑场。

纳林套海墓群的墓葬之间未发现叠压和打破关系，形制是沿着土坑木椁墓→砖壁木椁墓→小砖墓→大砖墓的发展轨迹演变的。根据随葬品及墓葬形制的变化可分为早、晚两期。早期墓葬以土坑木椁墓为主，随葬品中日光镜、昭明镜、半两、五铢都是西汉晚期中常见的，年代大致是西汉元帝至平帝前后。晚期墓葬多见大砖墓，随葬器中发现有宽缘四乳四螭铜镜、规矩镜，时代为西汉末至东汉初。

《汉书·匈奴传》载："北边自宣帝以来，数世不见烟火之警，人民炽盛，牛马布野"，"莽扰乱匈奴……数年之间，北边空虚，野有暴骨矣。"纳林套海汉墓群的早期墓葬，规模较大、随葬品器类较为丰富，反映出宣帝以后至王莽之前这一时段内，北方边境和平昌盛的发展史实。晚期墓葬规模变小、随葬品简单，反映了王莽至东汉初，北边战祸、经济衰落的现象。纳林套海墓群的早晚变化，正是北边经济由西汉晚期的繁荣到王莽时期的衰落这一史实的物象反映。

骨尺

骨尺

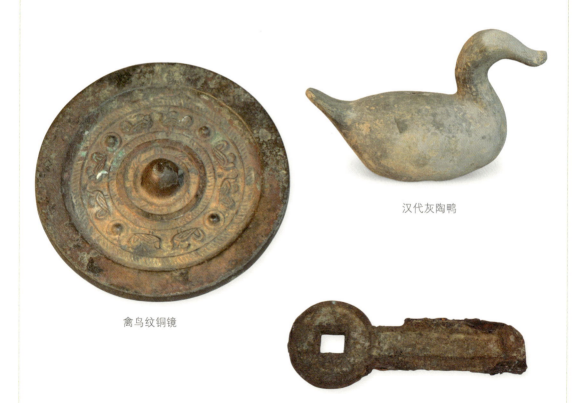

禽鸟纹铜镜

汉代灰陶鸭

"一刀平五千"刀币

‖44‖ 临河区黄羊木头城墓群

撰稿：李倩　王琳
摄影：彭凤英

全国重点文物保护单位。

位于临河区干召庙镇脑高村二社南，墓葬群地处黄河北岸、阴山南麓、河套平原中部的黄河冲积平原上，为临河区、杭锦后旗和磴口县三旗县区的交汇处。墓葬群中部低凹，东、西北坡地势渐高。

20世纪五六十年代，内蒙古文物工作队曾到此进行调查，在方圆10余平方公里的范围内，遍布已暴露的墓穴或散乱的墓砖，除被风沙湮没的墓葬外，地表暴露墓葬153座，其中13座保存较好，其余均遭到破坏。调查时采集了部分墓砖和陶器盖、博山炉、陶钵、陶盘、陶屋顶、陶灶等残片，同时老乡还捐献了"五铢"、"大泉五十"铜钱及铜带钩、铜铺首、兽面形铜器、"李谈"铜印等。根据出土物及墓砖判断古墓年代为西汉中晚至东汉早期。

清理墓葬

墓群（北一南）

地表墓葬情况

墓群分布面积约1平方公里，现地表暴露墓葬30座左右，地表散布大量绳纹砖、泥质灰陶片等，以中、小型墓为主，多数为砖室墓，个别为竖穴土坑墓。砖室墓墓穴均为长方形单室。个别墓葬地表留有封土堆。中型土坑墓中多数有棺椁。采集有卷沿陶罐、弦纹陶罐残片及"五

铢"钱、铁器等。出土有陶罐、铜碗、铜锤等。

黄羊木头城墓群西侧脑高村南0.5公里有汉代故城，城垣大部分被风沙覆盖。古城平面呈长方形，东西约250、南北约200米，夯筑城墙，基宽约8、残高1～3米。南墙中部开门，宽约6.5米，外有瓮城，并有副郭。城内东南角有冶铁作坊遗址，东北角有大型建筑台基。城内散见泥质灰陶罐、盆及砖瓦残片等。有学者根据脑高古城的位置、文化性质等考证，该城为汉代沃野县县治所在。黄羊木头城墓群为沃野县故城墓葬群，为平民墓葬区。其分布面积广，范围大，出土遗物较为丰富，对研究汉代河套地区社会经济生活、农业发展、城市建置、历史沿革等具有重要价值。

45 乌拉特前旗公庙子墓群

撰稿：方月　胡怀峰
摄影：胡怀峰　菅强

巴彦淖尔市重点文物保护单位。

位于巴彦淖尔市乌拉特前旗先锋镇大树营子村与关牛犋村之间的乌拉山南麓之高台地上。

20世纪50年代内蒙古文物工作队曾发掘公庙子墓群西北部的一座墓葬。1984年，第二次全国文物普中曾调查记录。2009年，第三次文物普查时复查了该墓群。

墓群分布面积740万平方米，以大型多室砖券墓为主，其次有一定数量的中小型墓。大型墓和中型墓在地面上均有封土，近30座，大者直径8～20、高1.5～5米。大型墓一般均有左、右、后耳室和长斜坡墓道和壁画，中型墓规模略小，小型墓为单室墓。采集有陶罐、漆器、铁器、"五铢"钱等，据此判断为汉代墓群。

20世纪50年代清理的墓葬为砖室墓，

公庙子墓群局部现状（东—西）

陶釜

泥质灰陶瓶

陶井

陶罐

全长22.7米，由墓道、甬道、前后主室和六个侧室等几部分组成。封门砖砌于离墓门3.7米的甬道中，甬道两侧还设有壁龛，墓室内发现多具残损棺木。出土有铜器、铁器、陶器、石器等。陶器器型有罐、盆、盘、碟、勺、耳杯、尊、盒、案、灶、甑、斗、纺轮、灯、鸡、猪、楼房、碓等。另外，在东侧室陶案及圆案下，发现有小米及鱼、肉等食物。根据墓葬结构及遗物分析，该墓年代为东汉末期。

鸭形陶灶

‖46‖ 磴口县阿贵沟岩画

撰稿：李倩　李建新
摄影：王浩　李建新　胡延春

全国重点文物保护单位。

位于磴口县沙金套海苏木巴音乌拉嘎查阿贵沟内。阿贵沟是一条大山沟，沟涧深幽，峭壁耸峙，山石黝黑，溪水清澈，经年不息。沟内外植被稀疏，偶见山榆、山杏等低矮植物。从沟内北行，可达阿贵庙。岩画保存现状较好，少量存在风化现象，为一处青铜时代至秦汉时期的岩画群。

阿贵沟岩画集中分布在沟南北两侧的山坡上，用凿刻、刻划、磨刻等手法作于黑色玢岩上，绵延约5公里。第三次文物普查时发现6个地点199幅。

阿贵沟岩画中可见各种动物形象，野生动物以羊为主，其它可见有牛、狐狸、兔、狼、牦牛、鹿、驼鹿、野马等，驯养的家畜有狗和马。阿贵沟岩画少有面积巨大、内容庞杂者，多数岩画以单个形象出

动物组图

动物组图

野牛

稍显漫漶，马则昂首扬尾，四肢并立，颇具英姿。马身上并未见有鞍具、马镫等工具，反映了早期北方游牧民族的骑乘技术。

阴山岩画的题材内容上，有不少画面是直接或间接地反映原始居民宗教活动的，诸如各种神灵头像、舞蹈人物、祭祀神灵、星象、拜日等图像，这些都与原始宗教的崇拜和活动联系在一起。其中宗教舞蹈是当年活动在阴山中的巫觋的一项经常性活动。他们跳宗教舞，为的是媚神、娱神，讨得神灵的欢心，使其向人间施舍更多的实际利益。阿贵沟岩画中就有一幅较为显眼的舞蹈图。画面中有上下站立的两人，两人脸部轮廓不清，臀下均系有尾饰。上面一人手臂自肘部弯曲下垂，手指张开。双腿开叉，脚向外撇，似在作舞蹈动作。下面的人手臂基本平伸，五指张的极大，身体略微向左倾，也在舞蹈。在磴口县乌斯太沟岩画中也有一幅舞蹈图，穿戴、动作与本组人物图相似。只是乌斯太舞蹈人物是三人，其中一人手中操有牛尾，与《吕氏春秋·古乐》"昔葛天氏之乐，三人操牛尾，投足以歌八阕"的记载一致。阿贵沟人物图岩画虽只见两人，但性质可能与史料记载相同，应该是一种欢庆舞蹈。而饰尾人物岩画，既体现了阴山先民的审美情趣，更表明了他们以尾饰为标志的图腾信仰，并且可作为判断岩画时代的依据。以此可推断此幅人物组图的年代至迟不晚于战国秦汉时期。

阿贵沟岩画中除了动物、骑者、舞蹈图外，还有车轮、人面像、星星等图案，这些题材重现了古代游牧民族的经济生活和精神世界，具有重要的历史、艺术和学术价值。

现，如野牛、骑士等。其中有一群向西行进的羊、鹿，是画幅较大的。画面中动物神态悠闲，步履缓慢，体现了草原生活安逸的一面。

骑士岩画是阴山岩画的重要题材之一，有骑马者，还有骑鹿、骑牛、骑驼等多种，以骑马居多。阿贵沟岩画中有一幅骑马图较为醒目，为单骑行走，骑士形象

‖47‖ 磴口县布都毛道沟岩画

撰稿：李倩　李建新
摄影：李建新　王浩

全国重点文物保护单位。

位于磴口县沙金套海苏木巴音乌拉嘎查布都毛道沟内，这里是磴口县最西北部，与阿拉善左旗仅一山之隔。该沟山崖不高，沟不算深，崖畔上山榆葱郁，沟底溪水清透。沟畔东西两侧的山岩有黑色的玢石、灰白色沙岩，岩画即作于其上。多数岩画都较为清晰，少量模糊，整体保存一般。为一处秦汉时期的岩画群。

布都毛道沟以前称为布敦毛德沟，第三次文物普查时改称此名。岩画分布在沟内东西两侧的石壁上，绵延5公里，共有四个地点63幅。岩画作画手法多为凿刻。在同一幅岩画上存在新旧杂陈的现象，为

人物、动物组图

早期的人在岩石上作画，后来的人按自己的想法，在以前的画面旁边或直接在原来的画面上，凿刻了新作品。较早的作品色泽普遍灰黑，制作认真，沟纹较深。晚期的作品，多呈茶黄色，印痕较新，制作稍显草率。画面内容有骑者、狩猎、舞蹈人物、鹿、狗、符号等。

人面像

其中有一幅人物、动物组图，画面内容丰富，艺术手法较具特点，一些动物形象时代特征明显，具有一定的代表性。幅岩画敲凿在一块巨石上，巨石呈缓坡状向南倾斜，岩面光平。画幅较大，从各个图形的色泽看，画面中的内容为不同时期的作品。画面右上方，有山羊、骑者、简化的人形、鹿、猎人等。画面正中有舞蹈人形、执弓猎人等。图案大多漫漶不清。这组岩画构图完整，内容丰富，是阴山岩画中罕见的。它记录了古代北方游牧民族的狩猎、舞蹈等场景，反映了古代先民的生产、生活、天文知识和审美观，具有较强的艺术性。

人面像岩画是阴山岩画的常见题材，一般敲凿于沟畔悬崖或沟口崖畔上，所在地点应该是精心挑选的。其制作方法也不是普通岩画通用的点状技术，而是采用比较花费功夫的磨刻技术，磨痕较深，有光滑如砥的感觉，是非常严谨认真、经年累月磨刻而成的。因此人面像岩画虽经千百年风雨的剥蚀，但大都完整保存下来。布都毛道沟岩画中有一组人面像，计四幅，轮廓清晰，形态各异，非常有代表性。这幅人面像浓缩了众多样式的人面形象，且画面清晰，保

牵马图（驯马图）

存完整，具有很高的艺术价值。

中国北方草原地区家畜驯养有较长的历史，岩画中的驯马图，体现了驯化家马的过程。画面中一人在前面扬鞭导引，另一人在马侧张臂驱赶。马则前肢双双前屈，后腿并向后屈，尾巴翘起，一副寸步不行的倔强神态，二人一马形成僵局。这幅图，画面简练，却笔意传神，将早期人类驯化马匹的迫切心态与烈马放荡不羁的本性展现得淋漓尽致。

‖48‖ 磴口县哈隆格乃沟岩画

撰稿：李倩　王浩
摄影：李建新　王浩

全国重点文物保护单位。

位于磴口县沙金套海苏木巴音乌拉嘎查哈隆格乃沟西侧。这里地处磴口县西北，西北紧邻乌拉特后旗，是狼山山脉哈隆格乃山南北通行的重要通道，也是从阴山以南进入蒙古高原的一条捷径通道，地理位置重要。哈隆格乃沟谷之内东西两壁发现了十余处汉代石筑烽燧、堡寨、坞障遗址，其中规模最大的当属鸡鹿塞古城。哈隆格乃沟岩画正位于鸡鹿塞古城之北。沟内有一条小溪，其余三面均为高山。溪水清浅，沟畔岩壁陡峭。岩画分布在哈隆格乃沟西侧的三块巨石上，三石相距不远。为一处青铜时代至秦汉时期岩画群。

岩画

画面内容以人面、动物、符号为多。作画手法为凿刻，有的画面内容有叠压关系，应为不同时期、分几次重复作画。由于年代久远、风雨侵蚀等原因，部分图案模糊不清。

在位于沟口南向的一块高1.73、宽1.73米的巨大岩石上，错杂布满了各类图案，有马、山羊、龟、星星和头戴羽饰的神灵像。岩画时代早的，图案颜色较为晦暗，晚期作品则痕迹清晰。其中最为引人注意的是左侧的人面图。此人面图采用磨刻技术，脸型轮廓为圆形，在脸部磨刻出圆形双眼、嘴以表现人的基本特征。画面右面是一幅星辰图，图案右上角脱落。哈隆格乃沟岩画中的人面岩画及星辰图，反映了距今约四千年左右生活在阴山地区居民们广泛存在着对苍天和祖先神的崇拜。

哈隆格乃沟岩画题材丰富，历时较长，画面局部有叠压现象，是阴山地区自然环境沧桑变化及人群不断更替的直接见证。

岩画

岩画

49 乌拉特中旗鬼谷岩画

撰稿：李倩　刘斌

摄影：刘斌

位于乌拉特中旗川井苏木图古日格嘎查西北25公里、龙脉山西2公里处，东距甘其毛道口岸20公里，北距边境线5公里。这里地处阴山北部、乌拉山以东的山地丘陵区，南部为连绵起伏的低矮山丘，北边是平坦的草原。自然植被稀疏，沙化严重。

该地本名叫"毛都呼热"，意为树圈圙，是季节性河流冲刷成的一条较深的河谷。因河谷两侧的岩壁上多刻画有各种图案和符号类的东西，比较神秘，所以当地牧民称之为"鬼谷"。鬼谷宽20~50米，深2~10米，长约2公里，呈东北—西南走向。两侧崖壁为青灰色花岗岩，岩壁陡峭、表面平滑，适宜刻画。鬼谷北部和中部地段岩画分布较为密集，南部被流沙掩埋。

目前鬼谷岩画共发现15组群一百余幅，面积约2万平方米。岩画内容以动物

图形类岩画

北山羊

为主，狩猎场景、个体舞蹈、图案符号类
也较多见，还有少量人头变形图及人面
像。作画方法主要有两种，一种是敲凿
法，利用金属工具在岩石表面敲凿成画。
另一种是刻划法，用较尖锐的工具在岩石
表面划刻，刻痕细浅，边缘齐整。

鬼谷岩画多数为单个图案，即单体岩
画，狩猎场景、图案符号类岩画则多成组
画幅。单体岩画一般以动物为主，其中又
以北山羊、猎狗为常见，梅花鹿次之，
牛、马极少。动物大小存在差异，有小不
足5厘米的山羊，也有大到60厘米的牛及
高达80厘米的鹿。所刻动物神态逼真，形
象生动，既强调原物的立意，又加入了
作者渲染、夸张的成分。鬼谷岩画的动物
形象多数是静态状，作者着意刻画某些细
节，以静写动。

在一块大石面上有幅北山羊图，仅凿
刻一只。此羊收颈颔首，四肢并立，一
对夸张大弯角扬至后脊。其体形肥硕，神

态悠闲，一副吃饱喝足伸懒腰的满足感。这虽然是一幅静态画面，只是那微翘的短尾，足以让人产生动态的遐想。这种以静写动的表达方式，也是乌拉特中旗一带岩画图案的整体特点。这种效果在俊海勒斯太岩画、满达朝鲁等地岩画中都可见到。

鬼谷岩画的人面像、神灵图等大多刻画于谷壁高处，常处在组图的突出部位或较高处，人性化明显，但形象较为程式、简单。在一块石面上还有几幅近似圆角长方形图案，右上一幅不太清晰，右下这

幅画面既像是盾牌，又像是开启了的门或窗。左边上下并列的两幅，则像是高度抽象化、图案化的人面像。

鬼谷岩画为阴山岩画系列，描绘了古代阴山地区人类生存、生活息息相关的自然环境和社会习俗。根据其作画手法、画面内容、动物形象特点及所处位置推断，其年代为战国秦汉时期，下限可到蒙元时期。鬼谷岩画的发现，为探索阴山地区丰富绚烂的岩画提供了新材料。

图案类岩画

魏晋北朝时期

　　魏晋时期，巴彦淖尔地区是柔然与鲜卑的交错碰撞地带。北魏初年，由于北方的柔然经常南下骚扰北魏边境，北魏置军镇实边。明元帝拓跋嗣泰常八年(423年)曾筑长城，并于始光二年（425年）大败柔然使其北遁。后长城又经过两次修筑。北魏太武帝拓跋焘在长城要害处设立了六镇，以拱卫首都平城。

　　巴彦淖尔地区发现的魏晋北朝时期的遗存极少，仅在乌拉特前旗和磴口县零星发现，总数不足十处。这些遗存中最著名的是苏独仑乡根子场城址，为北魏沃野镇故城。沃野镇是六镇中最西端的一座，是当时防御柔然入侵的重要据点。另外在城圪台城址中也发现有北魏时的遗存，可见该城址在北魏得以沿用，在城址西南方向不远处发现有一座鲜卑族墓葬，可能与城址有一定关系。

▏50▕ 乌拉特前旗根子场城址

撰稿：郑龙龙　胡怀峰
摄影：胡延春　胡怀峰　菅强

全国重点文物保护单位。

位于乌拉特前旗大佘太镇根子场村西南0.5公里处，古城地处黄河冲击平原，北依狼山，南临乌梁素海，位置较为重要。因山洪和黄河水冲刷致使城墙倒塌被沙土覆盖。现已成为农田、牧场。

根子场城址（北魏沃野镇古城）

城墙残段

城内地表遗物

　　20世纪80年代，第二次全国文物普查时发现该城址，保存完好。九十年代因开发农田城址损毁严重。2009年，第三次文物普查时复查了该城址。

　　城址北高南低，平面呈"凸"字形三连城，东西长约1500、南北宽约600米。中城最大，向南突出约30米；东城略小，东西宽282、南北长571米；西城最小。墙体呈土陇状，墙基宽6、高1～1.5米，夯筑而成。中城两侧墙中部和南墙中部各开一门，宽6米；南门两侧有高台，高8、基宽40米。东、西两座城的城门位置不详。东城东北角有座大土台，南北长69、东西宽43米，上面散布有泥质灰陶片。中城北墙中段南侧亦有一座土台，高1、长10米，其中夹杂着砖、筒瓦、板瓦残片。古城西侧至西羊场村的范围内，地表多散布陶片，为城外居民区。

　　文献记载，北魏初年，为外御柔然，内制高车、山胡，拱卫京都，北魏统治者自东向西先后设怀柔、柔玄、抚冥、武川、怀朔、沃野等军镇，史称北镇或六镇。其中沃野镇始置于汉沃野县故城，即今内蒙古临河区西南。太和十年，迁至汉朔方故城，今杭锦旗东北的什拉召地区。524年破六韩拔陵起义就发生在沃野镇。在根子场城内西北角发现有汉砖，因此在汉代就已有人在此居住。另外，在城内曾采集有莲花纹瓦当等北魏时期的遗物，结合城址规模、结构、地理位置推断，该城址为北魏六镇中处于最西端的沃野镇故址。

隋唐时期

巴彦淖尔地区发现的隋唐时期遗存占一定数量，分布于磴口县、乌拉特前旗、乌拉特中旗、乌拉特后旗地区，约七十余处，以墓葬和岩画为主。因该时期巴彦淖尔南部为隋唐王朝管辖，北部是突厥等少数民族政权势力范围，故南北区域文化面貌差异明显。南部的主要遗存有奋斗古城、王逆修墓、天德军等。王逆修墓的墓葬形制、随葬品特征与中原地区的唐墓几无差异，为典型中原文化遗存。巴彦淖尔北部地区的文化遗存主要为分布于乌拉特后旗、乌拉特中旗山麓地带的突厥石人墓、石板墓、石圈墓，具有鲜明的游牧文化特征。这种南北文化的显著差别，正是农业文明与游牧文化在该地区对峙、碰撞、交融的真实体现。

撰稿：张文惠　刘斌
摄影：胡延春　刘斌

内蒙古自治区重点文物保护单位。

位于乌拉特中旗海流图镇西哈日楚鲁嘎查的西山，遗址背依山岗，面临深谷，所处地势较为险要。从遗址处可纵览海流图镇全景。遗址南侧有隋唐、西夏时期的岩画。

西山祭祀遗址发现于20世纪80年代。2009年，第三次全国文物普查时，又复查了该遗址。

遗址坐西朝东，上部由三块片状巨大山石自然构建，以中间一块向前凸出的凌空巨石最为醒目，两侧各有一块山石，呈辅佐之势，南侧一块已塌陷。巨石之下形成空间，近棚状，可容数人。中间巨石下前方立有两块条形石柱，为人工雕琢，如门状。柱呈方形，厚20、宽40厘米，高1.8米。柱前是一块开阔地，近台状，较为平整，局部铺有石板，有明显的人工垒砌痕迹。

纵观遗址整体面貌，结合巨石南北东三面散布石块等情况，推测该遗址是依靠

祭祀平台（东—西）

西山祭祀遗址全景

祭祀立柱（东南—西北）

自然地势及山石，加以人工改造，形成以巨石为顶、碎石筑造围墙、立柱为门的简陋石室，室前辟以平台，以此进行祭天、祭祖、祭神活动的祭祀场所。

西山祭祀遗址，是目前所见各类祭祀遗址中建筑结构、建造方法较为独特的一处，它是人文建筑与自然环境完美结合，体现了古人的卓越智慧，为研究草原民族的宗教信仰以及祭祀活动提供了重要资料。

52 乌拉特中旗奋斗城址

撰稿：郑龙龙　刘斌
摄影：刘斌　胡延春

内蒙古自治区重点文物保护单位。

位于乌拉特中旗乌加河镇奋斗村奋斗二队东南300米（又名圐圙补隆）。古城地处河套平原，南临黄河。城址内现辟为农田。

20世纪80年代，第二次文物普查时调查奋斗城址，当时城墙犹存，残高1～2米。2009年，第三次全国文物普查时复查了该城址。自城址发现至今，许多学者调查考证过该城址。

城址平面呈方形，夯土筑成，东西长约450、南北宽约350米，城墙基宽3～5

奋斗城址（西北—东南）

陇状残墙（南—北）

米。南墙中部设门，宽8米。城墙四角有角台。地表散见陶瓷残片、"开元通宝"铜钱等，可辨器型有泥质灰陶罐、瓷瓶、瓷盘、瓷碗等。根据遗物分析，该城址年代为唐代。

史料记载，唐王朝建立后，为了抗击突厥，在今内蒙古地区的黄河以北、阴山以南兴修了三座受降城，作为屯兵驻守的军事据点。其中东受降城在今托克托县托克托城的大皇城，中受降城在今包头市敖陶窑子。专家考证，奋斗古城为景龙二年（708年）张仁愿建造的唐代西受降城及安北都护府治所。

奋斗城址据交通要道，与中受降城相距约四百余里，首尾可互相照应，具有重要战略意义。在和平时期，西受降城成为唐王朝与西北各族贸易的重要口岸，作为互市之地，加强了民族间的交流，促进双方的共同发展。

⫼53⫼ 乌拉特后旗达拉盖沟墓群

撰稿：张文惠　霍建国
摄影：萨日娜

内蒙古自治区重点文物保护单位。

位于乌拉特后旗巴音宝力格镇巴音淖尔嘎查达拉盖沟东沟谷两侧台坡之上。这里是杭锦后旗通往乌拉特后旗北部草原的南北通道。达拉盖沟墓群最初称为乌盖墓群，2006年公布四批区保单位时称达拉盖沟石板墓群，"三普"调查时确定为达拉盖沟墓群。

达拉盖沟墓群总面积约1000平方米，分布墓葬21座，形制从地表清晰可见。墓葬周围用石板垒砌成为长方形、圆形石圈或"工"字形石圈。墓葬石砌根基明显，长方形墓基长3~6、宽2~4、高0.3~0.5米。圆形墓基直径在1~2米之间不等。墓葬东侧边选用大型板状石块或条状板（柱）形石块，平行排列，明显高于其它三边，一般高出地面50厘米以上，其它三边石块则较低矮。墓葬排列有序，石圈边框整齐，圈中间填充自然石块和沙土，为北方游牧民族传统的埋葬方式。

墓群东南方的一座墓葬，面积最大，经调查确认墓主为部落首领。此墓保存尚好，墓基直径6米。

墓群的主体年代为隋唐时期，为北方草原游牧民族的遗存，是研究北方游牧民族的历史、文化、习俗、宗教信仰的重要资料，同时对探讨北方草原文化与中原农耕文化间的交流及相互影响也具有重要的价值。

达拉盖沟石板墓群主墓（东一西）

主墓北侧二座墓址

54 乌拉特后旗布尔汗山墓群

撰稿：张文惠　李倩
摄影：萨日娜　胡延春

巴彦淖尔市重点文物保护单位。

位于乌拉特后旗潮格温都尔镇希日淖尔嘎查以南的布尔汗山上。布尔汗山属阴山支脉，意为"神山"。墓葬群所在的山体通身呈黑色，山下四周是广袤的草场，山南有一道河谷。

1984年全国第二次文物普查时发现，当时命名为"温都尔墓群"，2009年公布市级文物保护单位时仍用此名，三普时更名为"布尔汗山墓群"。该墓群面积约2000平方米，由五座典型的"工"字形墓葬组成。墓葬以长方体自然石块或卵石垒砌边框，内里填以石块。主墓位于山体较高位置，保存完整，"工"字形状清晰。主体长度为2.5米，边长1.4米，石板高度在0.4~1米之间不等，东侧边垒砌的石块较大。山下有南北长方形一字排开的四座墓葬，形状不太明显。根据墓葬形制并参考文献记载，确定石板墓的族属为突厥。

石板墓在我国内蒙古北部、新疆，中

布尔汗山墓群主墓

布尔汗山墓群工字墓

突厥杀人石

亚的哈萨克斯坦和蒙古国境内等地都有发现，一般认为是突厥人墓葬。突厥是古代活跃在北方草原的游牧民族，隋唐时期曾盛极一时。关于突厥人的葬俗，《周书·异域传》载"……择日，取亡者所乘马及经服用之物，并尸俱焚之，收其余灰，待时而葬。春夏死者，候草木黄落，秋冬死者，候华叶荣茂，然始坎而瘗之。葬之日，亲属设祭，及走马剺面，如初死之仪。葬讫，于墓所立石建标。其石多少，依平生所杀人数。又以祭之羊马头，尽悬挂于标上"。又见《隋书·突厥传》"择日置尸马上而焚之，取灰而葬。表木为茔，立屋其中，图画死者形仪及其生时所经战阵之状。尝杀一人，则立一石，有至千百者。"文献中所说的立石即是杀人石。布尔汗山石板墓突出反映了突厥人这种死后立杀人石的丧葬习俗。

‖55‖ 乌拉特中旗马鬃山石板墓群

撰稿：史静慧　刘斌
摄影：刘斌　胡延春

乌拉特中旗重点文物保护单位。

位于乌拉特中旗呼勒斯太苏木达格图嘎查马鬃山东北向的山地草原地带，南距杭盖戈壁嘎查15公里。墓葬群西靠马鬃山，东临一条自然河槽，往东为草原开阔地。马鬃山石板墓群是巴彦淖尔市第三次全国文物普查中的重大发现之一。

墓葬呈南北环状排列，分布面积约5平方公里，由多个小墓葬群组成，单体墓葬达100多座。墓葬大部分依山而建，地

杭盖戈壁石人墓

墓群北部石板墓（东北—西南）

连体石板墓（西南—东北）

表暴露部分均用自然石块堆砌而成。墓葬呈西南东北走向，保存良好。平面呈不规则长方形，大小不一。较大者长10~12、宽6~8米。普通墓葬长5~6、宽3~4米。大都高出地面1米左右。根据墓葬形制认定其年代为隋唐时期。

墓群北方的杭盖戈壁石人墓，与墓群相距较近。石人墓在乌拉特草原上多有发现，牧民们称之为"混楚鲁"，意即石头人。该墓葬呈长方形，长6、宽4米。四边用石块围砌，在东北角立一突厥武士石人像。石人高1.6米，脸部轮廓清晰，腰挎一兵器。除头部有一小块受风化外，其他部位保存尚好。这种类型的石人墓为典型的突厥遗存，同马鬃山墓群年代相同，应具有一定关系。

马鬃山石板墓群有墓葬百余座，规模如此之大的石板墓群，在本地区很少发现，因而对于该地区石板墓的性质及文化内涵研究提供了重要资料。

单体石板墓（北一南）

||56|| 乌拉特中旗乌布浪口墓群

撰稿：史静慧　刘斌
摄影：刘斌

内蒙古自治区重点文物保护单位。

位于乌拉特中旗海流图镇希日楚鲁嘎查乌布浪口内的五海公路两侧，所在地为山口内开阔坡地，四面为群山环抱，东边有一条自然河槽。

乌布浪口墓群在早年的文物调查时就已经发现。2009年，第三次全国文物普查时对该墓群进行了测量。

该墓葬群由10座单体墓组成，分布较为分散，面积约1万平方米，呈东北西南方向排列。墓葬形状多为长方形，用自然石块垒砌墓圹，其中东面墓圹使用大型板状石块竖砌，高出地表许多，较其他三面也明显高出。圹内用大小不一石块堆砌。墓葬规格并不相同，大的长约10～15、宽4～6米；小的长6～8、宽3～4米。墓葬之间距离不等，大致在10～50米范围内。根据墓葬形制判断，此类石板墓为隋唐时期的突厥遗存。

文献记载，突厥人流行火葬，墓葬用石板筑成，周边建围墙，墓前立石人、杀人石等。我国新疆、蒙古国等地发现的突厥墓与文献记载大体相同，而乌布浪口石板墓，未发现围墙、杀人石以及石人等。

墓群分布区全景（东北—西南）

乌布浪口墓群所反映的信息，为研究该地区古代突厥人独特的丧葬习俗，以及民族间文化交流等提供了重要材料。

墓群分布区全景（西南—东北）

撰稿: 郑龙龙 胡怀峰
摄影: 胡怀峰 胡延春

内蒙古自治区重点文物保护单位。

位于乌拉特前旗额尔登布拉格苏木城二壕村西南,地处乌梁素海东岸、前后乌拉山之间的明安川西端,明安川即《元和郡县志》所称的"大同川"。

1976年秋,王逆修墓被发现。9月中旬,内蒙古文物工作队对此墓进行了发掘,并对墓葬所在地区的文物古迹进行了查勘。

墓葬地表无封土,填土经夯打。由墓道、天井、墓门、甬道、墓室组成。墓道宽1.65、总长5.6米,包括阶梯形、斜坡式两段。墓门两侧绘有褚红色壁画,西侧脱落,东侧绘一镇墓魃头。甬道为船篷式砖砌单券顶,高1.28、长1.32、宽0.82米。墓室为弧角椭圆形单墓室,直径3.2

王逆修墓所在坝头遗址

王逆修墓志

米。周壁及四角呈弧线，各有一个仿木结构的半圆形砖砌壁柱，柱头砖砌一斗，左右两壁各有一个长方形的假窗。墓室正面北壁下方，有砖砌殓床，殓床上陈放男女合葬尸体4具，保存尚好。头东足西，仰身直肢，并排而葬。殓床上方有床罩或帷幔的框架痕迹。随葬物品共60余件，主要放置于殓床的西端与墓壁的间隙处以及殓床前墓底部，器形有唐代典型器陶塔式罐、白瓷盘、碗及唾壶，还有比较少见的三彩盂、铜匜、铜镜、玉雕以及铜、铁器等生活用品，以及较多的骨角雕刻而成的妇女头饰等工艺品。另出墓志铭1方，详述王逆修的家世及其仕途发展和遗嘱等。

根据墓志记载，王逆修卒于长庆三年（823年），葬于同年十一月十七日。该墓是自治区境内发现的第一座有绝对纪年的唐墓。铭词"横岗插河"，形象地告诉我们，黄河故道在巴彦淖尔盟境内自汉到唐流经方位和河道变迁的基本情况。墓葬"安茔于军南原五里"还揭示了天德军城的明确位置，证实了墓葬以北五里的"土城子"即为天德军城，从而解开了学界多年来争论不休的天德军城址所在位置之谜。王逆修墓有明确纪年，为研究该时期墓葬提供了标尺，对研究该地区地理环境、历史文化等也具有重要价值。

西夏元时期

巴彦淖尔地区辽、金、西夏、元时期的遗存较少，零星分布在临河区、磴口县、乌拉特前旗、乌拉特中旗、乌拉特后旗等地区，约30处左右，其中城址占一定比例。辽、金、西夏时期，巴彦淖尔乌梁素海以东地区为辽王朝占据，沿用唐天德军城。西境为西夏国属地，置黑山威福军司。金灭辽后，西夏版图东移，巴彦淖尔地区尽归西夏所有，并大量沿用汉代古城实边，如新忽热古城、麻圪奈古城以及汉朔方郡的几座古城和汉外长城南线的多座障城、烽燧等。高油房古城早年曾发现有西夏时期的金银器窖藏，所出金银器工艺精湛，造型别致，是该时期出土文物中的精品。元灭西夏后，在巴彦淖尔地区设甘肃行省兀剌海路、宁夏行省等，沿用新忽热古城作为兀剌海路治所，在新忽热古城曾发现一些元代遗物。另外该地区还有大量颇具蒙元时期蒙古民族风格的岩画，如默勒赫图沟、格尔敖包沟、俊海勒斯太、鬼谷、满达朝鲁、炭窑口等岩画中均有蒙元时期作品。

58 乌拉特前旗麻圪奈城址

撰稿：郑龙龙　胡怀峰
摄影：胡怀峰

乌拉特前旗重点文物保护单位。

位于乌拉特前旗大佘太镇西麻圪奈村东北，地处小佘太川西口，西南方向为乌梁素海，北靠阴山，城南有小河流过，地理位置非常重要。城墙局部坍塌，但轮廓清晰，整体保存较好。

麻圪奈城址早年已发现，记载于当地旗志中。2009年，第三次全国文物普查时对该城址进行了定位、调查与记录。

城址呈正方形，边长72米。墙残高3.1、基宽2.7、顶宽2.2米。城墙四角设角楼，向外伸出约4米。城门宽6米，城门外设有瓮城，南北长6、东西宽7米。城内中部有大型台基，周边残存有建筑墙体。其中北墙基宽0.8米，内壁有白灰面。城外东南部有砖窑遗迹。城内地表可见较多

远景（西北—东南）

的青砖、筒瓦以及板瓦碎片，城西南曾采集到莲花纹瓦当。经考证为西夏时期城址，为此时期设置于小佘太川口的重要城堡要塞。

西夏时期的城址在该地区发现不多，麻圪奈城址的发现为研究西夏时期该地区的行政归属以及各国之间的战争对峙情况提供了重要的资料。

地表遗物

角台

墙体（西—东）

59 临河区高油房城址

撰稿：郑龙龙　王琳
摄影：彭凤英　胡延春

位于临河区新华镇古城村，地处河套平原中部偏北，地势平坦开阔。高油房城址北距石兰计古城约14公里，东南方向约35公里为八一古城。

1958年，城址东门内曾出土大批严重锈蚀的铁钱，可辨识的有"乾祐通宝"等。1959年，城址内东北角出土窖藏，共得金银器27公斤。1966年，又在其附近发现一窖藏，其中影青瓷罐内藏金器约250克。此后又有文物部门以及相关学者多次调查该城址。

城址平面为方形，正南北方向，边长约990米，墙基宽约7～8米。城墙均为中部开城门，城门外筑瓮城。东、北、南面城墙外筑有马面，马面间距约60米。城墙四角还筑有角台。现仅存东、北两面城墙，西、南城墙地表已不见痕迹。地表散见砖瓦、陶器以及瓷器残片。

高油房城址窖藏出土的金银器，多为日常生活用品及装饰品，造型别致、外观精美。种类有金佛像、莲花金盏托、双凤纹金碗、金指剔、镂空人物纹金耳坠、金环、桃形金饰、弧形金饰片等。

这些金银器有典型的西夏风格，铁钱中有西夏国的"乾祐通宝"，因而可以

高油房城址

城址北城墙

确定该城址最迟在西夏时期已经建立，并且发展较为昌盛。从地理位置上看，高油房古城址是西夏国为防御东北方邻国入侵而设立的一处军事城堡。由于地处边疆地带，发现的大批金银器窖藏是在突然遭受敌人军事打击，古城即将沦陷之时仓促埋下的。至于城址的始建年代，有学者认为在汉代该城址已经建立，为汉临河县故城，在此后的唐、西夏、金各朝代继续沿用该古城。

高油房古城规模较为宏大，出土遗物等级较高，所处地理位置非常重要，是古代河套地区南北交通要道上的军事重镇。高油房城址提供的丰富实物资料对于研究河套地区古代城市的分布、沿革以及相关历史具有重要意义。

双凤花草纹金碗

双凤花草纹金碗

东城墙

花口錾花金碗（碗心）

花口錾花金碗

莲花形錾花金盏托

嵌宝石人物纹金耳坠

嵌宝石人物纹金耳坠

‖60‖ 磴口县默勒赫图沟岩画

撰稿：李倩　王浩

摄影：王浩　李建新　胡延春

全国重点文物保护单位。

位于磴口县沙金套海苏木巴音乌拉嘎查默勒赫图沟内。在磴口县西北的群山万壑中，有一条通往狼山南面的大沟是格尔敖包沟，由沟口北行15公里有一个山沟为默勒赫图沟。沟内崖畔陡峭，山谷幽深，重岩叠嶂，溪涧潺潺。默勒赫图沟岩画以元明清时期为主，兼有少量的早期岩画。

默勒赫图沟岩画分布在默勒赫图沟10平方公里范围内的沟壁、山顶上。共计有10个地点55幅岩画（岩画幅数以同一石面上的图案为一幅）。除第二地点岩画风化严重外，其余地点保存较好。岩画采用凿刻或磨刻手法，题材主要有类人面形、各种动物、兽面、星象、圆圈、符号等图案。其中第二地点有大幅圣像壁，因其拥有数量最多、面积最广的人面形图形及星星等大型磨刻图案。在默勒赫图沟其它地

第二地点全景

狩猎、动物组图

狩猎、动物组图

动物组图

点，亦发现了丰富的人面像。

人面像一般是在峭立的石壁上磨刻而成，所在石皮黝黑发亮，画面历经千百年强劲的风沙吹蚀，有些画面漫漶不清，有的画面随着石皮脱落而不存，但大部分画面保存完好。其中第一地点编号014人面

像岩画及第三地点004人面组图，就是两幅很具代表性的人面像图案。014人面像是一幅单体巨型人面，大圆脸，额头有小圈点及竖条纹装饰，双眉勾连，椭圆眼，嘴下有胡须，面部表情威严却不狰狞。004人面组图的主图案是一幅上小下大，

动物图

头顶羽饰的人面像，面部有椭方形眼，眼角下垂，方形口。人面像右侧是横立的虎形图案，虎俯首、四肢并立、尾巴下垂，神态温顺。人面像左下方是一幅抽象化、图案化的人面图案。

默勒赫图沟岩画中有单个或画面宏大的类似人面形，这些具有人面目的人像或神像，大都成组分布，或并列或上下排列，只有少数单个存在。各图形风格、作画方法相近，应该是同一时期的作品。这些人面像皆以正面形象出现，面向观众，图像互不重复雷同，灵活多变。画面自然，在平稳的状态下略显喜怒哀乐的表情，通过鸟羽、鹿角状等头饰可以判断出人物性别、年龄及社会地位等。这些人面图形应该是人们按照自己的样子所创造的神的形象。头戴羽饰或鹿角，古代世界各个民族都很流行，一般认为是部落酋长所特有的标志。画面整体气势庄严，给人以

群鹿

人面像

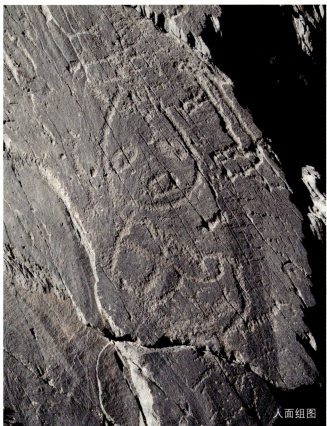
人面组图

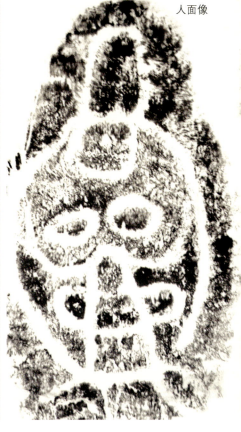
人面像

双神图

双人舞蹈

平稳、肃穆、宁静的感觉。

　　以各种代表了天地神祇和山川神灵的人面像为主要题材，是默勒赫图沟岩画的最大特点。"众神汇集之处，往往都是山高谷深水清的地方。大约古代人认为，这些地方是神灵所居住。"这对于岩画分布位置及地理环境的研究，具有重要意义。

　　2007年10月，北方民族大学与巴彦淖尔市合作进行阴山岩画调查时，在默勒赫图沟岩画附近发现一枚细石器石核。石核呈半锥形，十分精致。这为默勒赫图沟岩画的断代提供了坚实的实物依据。

61 乌拉特中旗满达朝鲁岩画

撰稿：李倩　方月
摄影：刘斌

全国重点文物保护单位。

位于乌拉特中旗新忽热苏木巴音温都尔嘎查，是一处元代时期的单幅岩画。岩画凿刻在新忽热北草原地带，附近多有乱石，南有一条东西向的河槽，北是山坡地。这一地区是草原牧区，牧场广阔，人烟稀少。

该幅岩画刻划在新忽热至桑根达来公路旁边一个孤立的大石头西侧平面上，为一只伫立的野驴。敲凿而成，图案较清晰。石上另刻有"解甲户"三字。岩画风化，有脱落现象。"解甲"指脱下战衣，在军事行动间的短暂休息之意，根据其凿刻手法和图画内容判断此幅岩画的时代为元代。

蒙古族约从13世纪或更早一些时候来到阴山西段狼山地区游牧，他们在这里留下了大量的艺术创作。其采用作画方法或为北方游牧民族传统的敲凿法，或者用毛笔蘸上石灰拌素油做成的酱汁画在石壁上。岩画中可见到的家畜种类有马、牛、羊、鹿、驼、猎狗、驴、骡等。满达朝鲁岩画的特别之处在于其绘制的是一匹蒙古野驴。在阴山岩画的众多动物形像中，野驴图案并不多见，目前仅在乌拉特中旗韩乌拉山峰西地里哈日岩画中发现一幅野驴图，可见野驴岩画之珍稀。

蒙古野驴是荒漠动物，多栖息于3000～5000米的高原亚寒带，目前主要集中分布在新疆准噶尔盆地和内蒙古乌拉特地区。现巴彦淖尔地区已成立乌拉特梭梭林——蒙古野驴自然保护区。这幅野驴图，说明蒙古野驴自蒙元时期便已繁衍在乌拉特草原上。这幅岩画为研究乌拉特地区生态、环境变迁提供了珍贵的参考资料。

野驴图

‖62‖ 乌拉特后旗炭窑口岩画

撰稿：李倩　萨日娜

摄影：萨日娜　霍建国

位于乌拉特后旗呼和温都尔镇西补隆嘎查炭窑沟口，这里地处乌拉特后旗南部、杭锦后旗西北部，东北距大坝沟南口约24公里。炭窑沟两边，山石嶙峋，绿草如茵。在炭窑沟口西畔岩石上磨刻或刻划了大批岩画，其年代有战国、汉代、蒙元等不同时期。

岩画分布于炭窑沟口东西约1公里、南北0.5公里的范围内，共由20幅岩画组成。主要采用磨刻手法，内容有人头像、执弓搭箭猎人、舞者、牛、马、羊、虎、狗、骆驼等。这些图像，多数磨刻沟槽深而光滑，有的深达三四厘米。画面均向阳，不仅便于观览，而且可以避免强劲的

炭窑口岩画（动物群）

炭窑口岩画（马）

西北风的吹蚀。岩画内容丰富，神态各异。画面反映出的社会生活，既有畜牧又有狩猎，以畜牧为主。从岩画所表现出的特征看，它们是两个不同时期的作品。画面中的虎食动物形象，是我国北方东周至两汉时期游牧民族青铜牌饰中的习用题材。而骑士岩画是铁器时代晚期游牧人最喜欢的题材。在这一漫长的历史时期，这里曾出现过匈奴、突厥、蒙古等游牧部落，这些岩画与他们有较大关系。

炭窑口岩画中的动物图形，一般都画幅较大，构图完整，往往有规则的东西向排列着。那些单独的图形如虎、牛、驼、马等，形体较大，形象生动，是其它地区岩画所罕见的，说明这里的岩画已发展到成熟阶段。

炭窑口岩画还见有海螺、花卉、梵文以及大片藏文等图案，是蒙古族岩画作品。蒙古族岩画不乏刻画形象真实的人物图，在《阴山岩画》中有一幅"翁贡"

炭窑口岩画

图，是蒙古人装束的正面坐像。炭窑口新发现一幅人物图，则是身着长袍、手持利刃、头戴盔甲的侧面武士形象。此人正处于激烈的战斗中，就在打到酣畅淋漓、头上盔甲掉落的一瞬间，被画家记录了下来，具有极强的写实性。

炭窑口岩画全景

明清时期

　　巴彦淖尔地区明清时期的文物点有八十余处，都是清代建筑，目前尚未发现有明确纪年的明代遗迹。主要包括佛教寺庙、天主教堂、敖包以及石刻等。佛教寺庙可分为藏传佛教的召庙、汉传佛教的寺院两类，以前者数量为多。现存喇嘛庙如班禅召、善岱古庙、希热庙、巴音乌拉阿贵庙等多为后代重建，基本保留了原有风格，为藏汉混合式建筑。汉传佛教寺庙如金堂庙、甘露寺等，是典型的汉式佛教寺院风格。敖包是蒙古族祭祀用的建筑，多用石块垒砌，上竖经幡，承载了蒙古民族的宗教信仰，具有鲜明的民族特色。明清时期的石刻发现较少，主要是一些少数民族及宗教刻字，如蒙、藏、梵文的经文等。

63 乌拉特中旗希热庙

撰稿：李权　刘斌
摄影：刘斌

巴彦淖尔市重点文物保护单位。

位于乌拉特中旗新忽热苏木希日嘎查希热山，庙宇建在山间河谷地带，山青水秀，自然环境较为优越。

希热庙宇初建于清康熙十九年（1680年），原建筑已坍塌，仅存断壁残垣，现在的庙宇于20世纪80年代重建。第二次文物普查时曾调查该庙宇旧址，存长方形夯土台基，南北长12、东西宽8、高1米。表面散布砖瓦残迹。

20世纪80年代重建的希热庙为乌拉特西公旗庙莫力更庙的分寺，由大殿、藏经洞、舍利塔等部分组成，占地面积700多平方米。庙旁山中有三眼泉水，被称之为希热神泉，经鉴定为天然优质矿泉水。据传，清朝初期，乌拉特草原上有一位名叫呼勒庆贵的禅师，曾到拉萨拜师学经多年，得道回乡，在途经希热山时，山中缕缕青烟升起，山间泉水涌出，清澈甘甜，颇有灵气，随即决定修炼于此，坐禅七年后修成正果。此后，康熙皇帝的姑丈病故，经人指点，康熙找到了呼勒庆贵禅师，并请他为亡灵超度，其所做法事得到康熙皇帝极大赞赏，欲赏赐禅师，禅师婉言谢绝，只愿回归旧地，康熙帝深受感动，决定在禅师修炼地建造庙宇，以供呼勒庆贵传教行医，造福百姓，希热庙由此得以建造。

现今希热庙不仅香火兴旺，而且每年都会在此举行几次大型祭祀活动，每次活动可持续六、七天，多达上千人，成为该地区重要的宗教文化中心。

希热庙全貌（西南—东北）

‖64‖ 磴口县金堂庙

撰稿：李权　李建新
摄影：李建新　王浩

位于磴口县隆盛合镇红旗村东北1.5公里，处于河套平原腹地，是河套地区首座汉传佛教寺院。

金堂庙又名慈云寺，始建于清康熙二十年（1681年），据考证是陕西大将军赵义率兵至磴口作战时建造。1851～1862年，慈云寺遭到"哥老会"破坏。1901年，慈云寺再次经历浩劫，仅余残垣断壁。1930年，当地信徒重建了慈云寺，但后来又遭损毁。1980年，李光杰、周杰、李占兴等居士集资修建了几间土木结构的念经堂。1989年，在李光杰、周杰等居士的组织下，又新建了几座大殿。

新建的慈云寺由大雄宝殿、偏殿、厢房组成。寺院北部是三座宝殿，大雄宝殿居中，殿内塑有5尊佛像，皆彩绘金身。大殿前方左右有一对石狮。主殿两侧是两个偏殿，规模较大雄宝殿略小。寺院东西是两排厢房，各有10余间。现在寺庙内仍有多名居士。

慈云寺现已成为当地重要的佛教活动场所，有固定的活动日期：正月十五为灯

金堂庙远景

游会，四月初八为释迦牟尼佛圣诞日，七月十五为佛的欢喜日，九月十九为观音出家圣节，十一月十七为阿弥陀佛圣诞节。每至文化活动日，各地信徒纷纷前来礼佛祈福。

慈云寺，初建至今已经三百余年，其间历经多次毁坏，但仍香火不断，是研究汉传佛教在河套地区传播发展的重要材料。

金堂庙北部三座大殿（南—北）

金堂庙大门（南—北）

65 乌拉特前旗德布斯尔庙

撰稿：李权　胡怀峰
摄影：胡怀峰　菅强

内蒙古自治区重点文物保护单位。

位于乌拉特前旗白彦花镇德布斯格嘎查，属乌拉特山山间河谷地带，庙址就处在两条支流交叉的三角洲上。

德布斯尔庙始建于清康熙四十四年（1705年），历史上曾有多名上层喇嘛在

该庙定居。抗日战争期间，这里曾是傅作义35军的司令部，设有粮库、军械库，附近还筑有工事。

庙宇包括主庙1座、喇嘛公寓1座，占地面积约2500平方米，主庙现仅存正殿。正殿为藏汉混合式，砖木结构，分为上下

德布斯尔庙全景

主庙及白塔

主庙正殿

两层，前后殿堂，内有盘龙立柱、佛龛、壁画。原正殿历经百年风雨，略显沧桑破败，现经过维修，庙址外观较好，基本保留原貌。喇嘛公寓在主庙西侧，是寺内喇嘛的居住地。德布斯尔庙相传有7间大殿，现在的主庙四周也有一些夯土残基，为原大殿残迹。

主庙正殿

　　德布斯尔庙西侧有七棵古柳树，七棵树均发自一根，当地人称为"一苗树"。古树枝繁叶茂，如同巨龙盘卧，因而又称为"龙树"，引得人们在树下供奉膜拜，祈祷还愿，祈求多福。树旁有泉水，称东泉、西泉，泉水四季不断，清洌甘甜。

　　德布斯尔庙是乌拉特前旗唯一保留下来的藏传佛教寺庙，也是自治区境内使用蒙古语念经的少数寺庙之一，该庙每年农历六月十五日举办庙会，跳查玛舞，参加庙会的喇嘛及各族民众很多，是当地重要的宗教活动中心，对研究该地区藏传佛教的发展、流布有重要价值。

‖66‖ 乌拉特后旗善岱古庙

撰稿：王建伟　萨日娜
摄影：萨日娜

　　位于乌拉特后旗巴音宝力格镇巴彦淖尔嘎查西北10公里，庙宇修建在二级台地上，北枕狼山，南临河套，地形北高南低。视野宽阔，风景宜人。

　　善岱古庙于1984年全国第二次文物普查登记，当时命名为"乌盖庙"，第三次文物普查时改为"善岱古庙"。

　　善岱古庙始建于清康熙五十九年(1720年)，距今已有280多年的历史。清朝政府曾册封善岱古庙为"咸化寺"，并授匾额，匾上刻有八条龙及蒙、汉、藏、满四种文字。当时此庙占地面积1万平方米左右，烟火旺极一时。现存大小庙宇六处，分别为正殿、东配殿、西配殿、西偏殿、东厢院、西厢院，其总建筑面积达1402平方米。正殿是1989年重修，为藏式建筑，

善岱古庙（南—北）

正殿（南—北）

西偏殿（南—北）

西配殿（南—北）

白塔（西北—东南）

西偏殿二层正门（南—北）

坐北朝南。平面呈长方形，长16、宽12、高8.5米。由前廊、经堂和佛殿组成，为上下两层。

善岱古庙院内有多宝、多成、多法、多佛、多慧、多能、多僧、多智八白塔，寺庙北坡新建有白塔一座。

善岱古庙在建筑风格上是将藏式和蒙古式建筑风格巧妙结合，创造了蒙古民族寺院建筑的独特风格，成为草原上集宗教建筑、雕塑、壁画于一体的最具代表性的佛寺建筑群。

67 磴口县巴音乌拉阿贵庙

撰稿：王建伟　李建新
摄影：王浩　李建新

内蒙古自治区重点文物保护单位。

位于磴口县巴音乌拉嘎查阿贵沟口西九公里处，庙址地处狼山西段的阿贵沟内，属山地地貌，庙南有一条天然河槽，直通阿贵沟口。

阿贵庙始建于嘉庆三年（1798年），藏名为"拉西仁布·嘎定林"阿贵。到光绪年间，清廷赐名为"宗承寺"，俗称"阿贵庙"。民国元年（1912年），藏蒙委员会曾赐予满、蒙、藏、汉四种文字雕刻的"宗承寺"匾额。2009年，第三次文物普查定名为"巴音乌拉阿贵庙"。

早期的阿贵庙是典型藏式建筑，正中是八十一间的大雄宝殿，左右建有配殿，规模非常宏大。后来庙宇整体被严重破坏。现阿贵庙为后来陆续依原貌修复、重建，占地约8000平方米，有会供殿、时轮金刚殿、金铡亥母殿、护法殿、马头金刚

巴音乌拉阿贵庙全景

塔等建筑，为藏式砖木结构。庙内现有僧侣12人，塔山四周，建有僧人居住址。

此外，庙宇两侧的山崖之中有阿贵洞、洪羊洞等多处天然洞穴，成为阿贵庙的一大特色。庙名"阿贵"即为蒙语"洞穴"之意，阿贵庙也被称作"山洞寺"。置身其内，可见草木妖娆、溪水潺潺，又见山鹰、石羊在崖涧之间时隐时现，颇感空谷幽深的怡人之美。

阿贵庙是内蒙古地区唯一以供养莲花生为主的宁玛派寺院，也是我国西北最大的红教庙，曾被自治区列为十二大庙宇之一。

宁玛派是藏传佛教各教派中，历史最悠久的一支。"宁玛"在藏语中是"古旧"的意思，因该派僧人穿戴红色僧帽、僧衣，所以俗称"红教"。公元8世纪，莲花生在西藏地区传播佛教，此后形成了

吉祥仙女洞

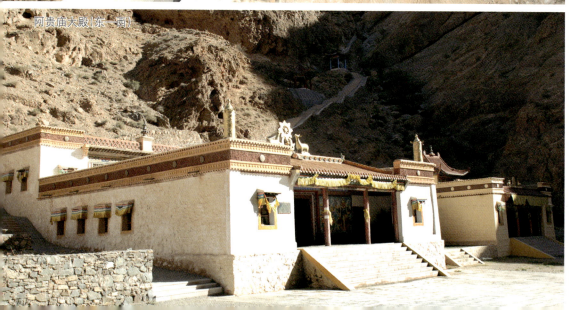

阿贵庙大殿（东—西）

白塔及财神殿（东—西）

铜鎏金莲花生

财神殿内景

庙内壁画

庙内壁画

藏传佛教（喇嘛教）。莲花生的一套教法，一直在西藏传播下去，成为西藏喇嘛教中最古老的的教派——宁玛派。该派供奉莲花生，尊他为"祖师"。每年七月初十的莲花生欢送日和九月二十五日的迎接莲花生的祭神日，阿贵庙均举办大型庙会活动。

阿贵庙为研究内蒙古地区藏传红教的渊源、发展历史以及庙宇建筑风格等提供了宝贵的实物资料。

68 乌拉特后旗本巴图庙

撰稿：张文惠　霍建国
摄影：萨日娜　霍建国

巴彦淖尔市重点文物保护单位。

位于乌拉特后旗获各琦苏木巴拉乌拉嘎查所在地东南角，靠山而建，庙北为丘陵，南为乌兰努和河槽，视野较为开阔。正南远眺可见巴丹吉林沙漠。

本巴图庙也写作"崩巴图庙"，又名为岱庆朝胡日楞，建于道光十八年（1838年），为喇嘛教寺庙。由当时旗境内最大的寺庙（善岱庙）大喇嘛西日布扎木苏创建，距善岱庙约40公里，是善岱庙的西善香供殿，极盛时期有喇嘛五十多人，占地面积3000平方米。原有殿宇二座，庙仓十二个，房屋十五间，后部分建筑遭到破坏。2005年当地苏木政府对庙宇进行重新修建。

本巴图庙远景（东南—西北）

正殿

经堂

佛殿

本巴图庙现存藏式殿堂两座，东西分布，朝向略偏东南，庙房四座九间，土木结构。正殿为上下两层，由前廊、经堂和佛殿组成，内有神台、佛龛，饰以壁画。庙东有僧仓一座，为院落结构，整院南北20、东西16.3米，共占地326平方米。主房南北6.4、东西6.3米，院落中南面设有凉房，面积为44平方米。正殿西北方向50米有旧僧仓一座，南北9.1米，东西11.4米。

本巴图庙是乌拉特后旗境内设施较为完善的寺庙，存有完整转经两个、香炉两个、藏有经书四百多卷，其中甘卓尔经全集1套、丹卓尔经2套。兴建至今一直住有喇嘛。

壁画

壁画

壁画

壁画

本巴图庙

偏殿（南—北）

凉房

▌69▐ 乌拉特后旗哈日朝鲁庙

撰稿：宋国栋　包文亮

摄影：包文亮　萨日娜

内蒙古自治区重点文物保护单位。

位于乌拉特后旗潮格温都尔镇哈日朝鲁嘎查所在地，该庙地处阴山山脉以北的乌拉特草原上，庙宇四周为小山丘陵。

1984年全国第二次文物普查时对哈日朝鲁庙进行调查，当时命名为"哈日楚鲁庙"。2006年申报第四批自治区重点文物保护单位时称为"哈日赤鲁庙"。第三次文物普查时命名为"哈日朝鲁庙"。

该寺庙建于清道光二十一年（1841年），为清代藏传佛教中的喇嘛黄教寺庙。现仅存正殿一座，坐北朝南，为藏式砖木结构。平面呈长方形，东西8.5、南北16米，分前廊、经堂（耳房）和佛殿三部分，内部结构为上下两层。前廊两侧绘有天神、力士；经堂设有神台，东西两侧

哈日朝鲁敖包全景（南—北）

饰以壁画；佛殿内有神龛，供奉佛像。

正殿前廊有四根雕花木柱，殿内共有20根，每根木柱周长0.8、高2.5米。正殿前廊东西7、南北3.96米。两侧有经堂（耳房），每个经堂外延东西3.2、南北3.96米。正殿门高2.5、宽2.26米。门框为雕花松木结构。正殿的二层正面有四个窗户，两边有两扇门；寺庙东西墙各有六扇窗。

哈日朝鲁庙原有建筑大部分已经不存。距寺庙100米处，有旧寺庙房基，东西26、南北17.2米。寺庙西北角5米处有佛塔基址，地表残留有琉璃瓦片。在庙宇周围石块上还发现有少量岩画。

哈日朝鲁庙西北方向不远处有一处敖包，名为哈日朝鲁敖包。主敖包面向东方，分为上下两层，用天然石块垒砌，呈圆形，直径5.2、通高约3米。上层正东有方形祭龛，中部堆积松柏枝条和青稞草。主敖包南、北两个方向各有六个小敖包，高1.5、直径1.2米，相互间距2米。主敖包西北方向200米的山坡上有十一个石块垒砌的小石堆。因按时祭祀，敖包保存很好。

‖70‖ 乌拉特前旗乌日图高勒庙

撰稿：萨仁毕力格　菅强
摄影：菅强

巴彦淖尔市重点文物保护单位。

位于乌拉特前旗白彦花镇乌日图高勒嘎查西侧台地上，北靠乌拉山，南临黄河。

1984年，第二次全国文物普查时曾调查记录过该庙宇，被称作多尔图高勒庙和白彦花小庙子。2009年，第三次文物普查时，复查了该庙宇。

庙宇建造于清代，由主庙与附属建筑组成，占地面积800平方米。庙宇建筑为藏式砖木结构，四周有树木围绕。主庙坐北朝南，包括正殿、配殿各一座，正殿为上下两层，前后殿堂，东西宽12、南北长6米，高8米。主庙东北30米处有一附属建筑，一进两开间。现庙宇内有梁柱、神台、壁画、神龛等构件。

1921至1928年，恩克巴雅尔以庙宇为依托，成立红党组织，召开革命大会，筹建内蒙古军官学校，积极宣传马克思主义思想，组织革命武装，进行革命斗争。

乌日图高勒庙保存较为完整，风格较为独特，是藏传佛教在本地区传播发展的重要见证，直至今日仍是该地区的宗教活动中心。此外，该庙宇还是革命先烈恩克巴雅尔工作斗争过的地方，当地广大人民群众通过这里的红党小组接触到了先进的马克思主义思想，这也为革命在本地区的最终胜利打下了坚实的群众基础。

附属建筑后墙体

乌日图高勒庙全景（南—北）

‖71‖ 乌拉特中旗巴特尔敖包

撰稿：马婧　刘斌

摄影：刘斌

巴彦淖尔市重点文物保护单位。

位于乌拉特中旗巴音乌兰苏木乌兰温都尔嘎查西北10公里的山地高坡，此处四面环山，西北角地势较低，北为草原丘陵地带。

2009年，第三次全国文物普查时，对巴特尔敖包进行了测量与记录。

敖包用石块堆筑而成，自下而上分别

巴特尔敖包（西北—东南）

为包基、包身、包顶三部分。包身分两层，每层呈圆柱形，上层顶部为尖顶，占地面积约140平方米，底部直径12、通高3米。敖包建于清代，一直沿用至今。每年的五月十三日都要在此举行祭奠活动。

敖包作为蒙古族的重要祭祀载体，外形上一般表现为圆锥形或祭坛形的石头堆，上竖长杆，杆头上系经幡，祭祀期间牧民还会用松柏、红柳、五彩花卉等把敖包装饰得鲜艳夺目。祭敖包一般是在农历四五月份，方圆几十里的蒙古族牧民身着民族服装，拉上蒙古包，骑马赶车，奔赴祭祀地。敖包祭祀一般有血祭、酒祭、火祭等形式，祈求草原风调雨顺，人丁兴旺。祭祀结束后要举行传统的赛马、射箭、摔跤比赛。此外，祭敖包活动也为青年男女"敖包相会"创造了条件。

巴特尔敖包是本地区形制较为规整、保存较为完好的一处敖包遗址，是研究清代敖包性质、用途以及游牧民族宗教信仰的重要资料。

近现代

　　巴彦淖尔地区近现代的文物点有一百一十余处，主要涉及重大历史事件相关遗迹、宗教建筑、建国前后的基础设施等。重大历史事件遗迹包括五原誓师旧址、抗日战争驻军遗址、烈士陵园、兵团团部旧址、礼堂、备战工事等，这些遗迹见证了巴彦淖尔地区近现代政治上的风云变幻。宗教建筑有天主教教堂、伊斯兰教清真寺以及佛教寺庙，以天主教堂较具特色，主体为哥特式建筑，附属设施则体现了中式风格，如三盛公天主教堂、陕坝镇天主堂等建筑保存基本完好，反映了中外文化交融状况；而陕坝清真大寺等伊斯兰教建筑，为研究伊斯兰教在本地的流布有较高的历史文化价值。建国前后的基础设施有闸坝、水井、河渠、粮仓、铁路桥、影剧院、学校旧址等。这些遗存反映了巴彦淖尔地区近现代政治、经济、文化、社会生活、宗教信仰等各个方面，具有较高的科研价值。

72 磴口县三盛公天主教堂

撰稿：李倩　李建新
摄影：王浩　李建新

内蒙古自治区重点文物保护单位。

位于磴口县巴彦高勒镇西南2公里的南粮台村中部，是一处清代始建的宗教建筑。

三盛公天主教堂及附属建筑总占地面积1万余平方米。1877年杨广道神甫率领一百余名教友由异地来到三盛公并逐渐留居下来，买地扩土，兴建教堂，纳民入教。1887年成立三盛公备修院。1888年在三盛公修建主教府修道院和婴孩院。1901～1903年，三盛公天主教堂在荷兰籍神父兰广济设计主持修建下，基本建设完工。1905年，再次扩建。当时的三盛公天主教堂为西北地区大教堂，拥有教徒4万，配有武装，享有政治特权。

教堂原有附属设施修女院、诊所、男子部、小学等，后来遭到损毁。1982年三盛公天主教堂重新开放以来，教堂自筹资

教堂全景（东南—西北）

金，陆续修建了医疗所、敬老院、修女学校、办公楼等慈善办公设施。

　　该教堂原为哥特式建筑，石木结构，所有建筑材料全由甘肃、银川等地水运而来。主教堂面积675平方米，设有地下室。地基入地2米，用条石砌筑。墙壁厚1米，内为土坯外用精制蓝砖砌成。现在教堂主体原貌尚存，部分墙体开裂。1982年后陆续重建的附属设施与教堂风格不甚统一。

　　三盛公天主教堂自修建以来曾历任西南蒙古教区主教座堂（管辖呼和浩特、

包头、巴彦淖尔、宁夏、陕北）、宁夏教区主教座堂（管辖巴彦淖尔、宁夏、陕北三边）、巴彦淖尔盟教区主教座堂（管辖巴彦淖尔盟、乌海）。

三盛公天主教堂是内蒙古西部地区最古老的天主教堂之一，既具西洋建筑风格，又有中国建筑特色，在国内外具有一定影响力。这座建筑，对于研究中西方宗教建筑历史、中外文化交流、宗教文化传播、民族宗教历史等有重要的意义，是西方宗教文化进入中国后适应、发展的历史见证。

‖73‖ 杭锦后旗陕坝镇天主堂

撰稿：郑龙龙　李倩
摄影：张争锐

巴彦淖尔市重点文物保护单位。

位于杭锦后旗陕坝镇龙宝街小转盘北200米处，北为奋斗中学，南为小转盘，四周围是居民区。

1865年，比利时天主教"圣母圣心会"进入内蒙古西部地区，天主教由此传入。1883年，内蒙古天主教分为东蒙古、中蒙古、西南蒙古三个教区，杭锦后旗属于西南蒙古教区范围。

陕坝镇天主堂建于1907年，是比利时传教士文华国来陕坝传教时所建。教堂为土木结构，计有经堂连同学校38间、住舍16间、仓库19间、磨房及其它8间，拥有大量的土地和部分牲畜，教徒曾达2000余人，是杭锦后旗天主教会的指挥中心。

天主教堂后来遭到破坏，残存建筑面积约150平方米。建筑外形为凹字形，因年久失修，部分屋顶塌陷。1995年，盖新教堂时拆除一部分，留下的一部分因修路于2007年也被拆除。在原基地盖起的陕坝天主堂东西25.5、南北47.1米，建筑占地面积1201.5平方米，分布面积为4124.6平方米。

陕坝镇天主堂历史较为悠久，是杭锦后旗最大的天主教堂。自从其建立之日起，就伴随着各种争议，天主堂一方面传播教义，收纳信徒，另一方面又豪占土地，控制教众，建立武装，与当地冲突不断。直至新中国成立后，经过一系列的整顿，正常的宗教信仰活动才得以恢复。

内部全景（南一北）

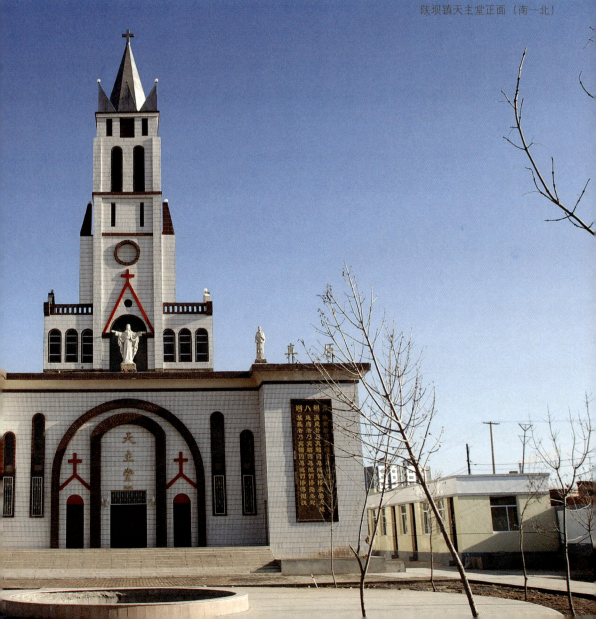

陕坝镇天主堂正面（南一北）

‖74‖ 杭锦后旗陕坝镇清真大寺

撰稿：李权　周晓黎
摄影：张争锐　周晓黎

巴彦淖尔市重点文物保护单位。

位于杭锦后旗陕坝镇龙宝西街回民巷，是一处近现代宗教建筑。

1924年，宁夏十余户回族居民迁居陕坝镇，伊斯兰教开始在该地传播。随着回族民众的不断增加，伊斯兰教组织与活动也发展起来，先后建立了多座清真寺，陕坝镇清真大寺是建立最早的一座。

陕坝清真大寺始建于1926年，由回族群众自愿捐款购置3间土屋，修整为简易的礼拜堂，教长杨三、学东牛德强主持教务。1935年，陕坝镇回族人口有所增加，信徒们再次筹款，将清真寺扩建，能容纳信徒200人左右。这一时期，还开设了阿文小学，由阿訇任教，招收信徒子女入学学习阿文和宗教知识。到1948年，陕坝回族人口增至1300人左右，宗教活动繁盛起来，当地以及外地穆斯林纷纷献款，支援

陕坝镇清真大寺正面（东—西）

清真寺建设。1949年11月，大寺再一次扩建，建成礼拜堂15间（可容纳信徒600余人）、住房6间、睡房5间。1986年，重新翻建，屋顶未动，墙体由原来的土木结构变为砖木结构。2004年，在原址北侧新建大殿和办公楼。

陕坝清真大寺经多次改扩建，规模逐渐增大，是杭锦后旗年代最久远、信徒最多的清真寺，也是研究伊斯兰教在本地的传入与发展的重要资料，具有较高的历史文化价值。

‖75‖ 临河区马道桥清真寺

撰稿：张文惠　彭凤英
摄影：彭凤英　王琳

位于临河区城关镇增光村10组，临陕公路南200米处。地处黄河北岸，阴山南麓，河套平原中部，全境为黄河冲积平原，地面开阔平坦，地势从西南向东北微度倾斜。清真寺周边以居民区和商业区为主，东为临河职业学校，西为永济渠，北为临陕公路。

民国初期，马道桥清真寺由穆斯林人士张占良等集资兴建，原建于马道桥西北300米处，土坯建筑，占地面积150平方米。有礼拜堂、水房、宿舍。后搬迁至永济渠东北500米处，由于土质建房结构疏散导致坍塌。1983年，马少汉、张占良等筹划捐资，于城关镇增光村10组重新兴建。全寺由门厅、礼拜堂、讲堂、水房、宿舍及两侧厢房组成四合院式布局，东西75.4米，南北宽63米。门厅为六开间马脊梁顶房屋，中间为通道；厢房为四开间马脊梁顶房屋；礼拜堂坐西向东，为二层式建筑，石条基础，青砖包外墙，门窗为雕花木棂格，可容纳近八百余人做礼拜。礼拜堂两侧建有边长3米的圆顶正方形八檩立柱，高9米，上刻有"望月楼"、"宣礼楼"字样。

1983年重修的马道桥清真寺基本是按

原样修建的，结构稳定，保存完好。整个寺院雕筑精细，巍峨壮观，建筑物外表敷以彩色，具有阿拉伯伊斯兰建筑特色，对研究宗教文化史具有重要的价值。

礼拜堂

正面全景（东一西）

║76║ 临河区甘露寺

撰稿：张煜鹏　王琳
摄影：彭凤英

巴彦淖尔市重点文物保护单位。

位于临河区新华镇哈达淖村东1.5公里处，初名观音茅蓬，又名常素庙，是本地区最重要的一处佛教寺庙。寺庙地处河套平原腹部，南临黄河，北依阴山。

隋末唐初，佛教传入河套境内。明清之时，佛教活动开始盛行，各地相继建立寺庙。民国年间，河套境内已有寺庙二十余处，教徒五千余人。

甘露寺始建于1929年春，当时有茅蓬1间、佛洞3个。1935年扩建了天王殿、大雄宝殿、钟鼓二楼、僧寮、斋堂、大寮、碾房。后来寺庙被毁。1976年，又建佛殿2间、僧房1间，进行佛事活动。1985年批复重建甘露寺。1986年修建佛殿3间、僧房4间、库房4间。1991年复兴扩建甘露寺。

重建的甘露寺，坐北朝南，南北长约220、东西宽约170米。寺门朝南，南北中轴线上有正殿三重。一进为三门殿，单层翘角，匾额"甘露寺"三字，为刘炳森先生所书。二进为圆通宝殿，大殿前方东西两侧立钟鼓楼。三进为大雄宝殿，歇山

钟楼、东厢房（西南—东北）

大雄宝殿

式屋顶，匾额"大雄宝殿"四字，由赵朴初先生所书。正殿两旁建有厢房配殿，西厢房后有玉佛殿。东西厢房配殿外围是讲经堂、客房、念佛堂等建筑。另有下院一处，院内有大佛殿、斋堂、僧众房等。

甘露寺现有建筑基本上是按照寺庙原貌进行重建修复的，总体布局完整，结构稳定，规模宏大。寺庙香火非常旺盛，为巴彦淖尔地区宗教活动的重要场所，每至重大节日，就会有大量国内外僧侣、居士、游客来此礼佛参观。

木雕菩萨像

三门殿（南一北）

鼓楼、西厢房（东南—西北）

‖77‖ 五原抗日烈士陵园

撰稿：冯吉祥　李少飞
摄影：李少飞

内蒙古自治区重点文物保护单位。

位于五原县隆兴昌镇办事处第七居委会。

1937年"七·七"事变之后，平津、华北相继沦陷，日本侵略军西侵进占绥远、包头。1940年2月初，日军进犯河套占据了安北、五原、临河和陕坝等地区。2月20日，由傅作义将军率领的抗日军团向五原守敌发起全面进攻。经过48小时浴血奋战，全歼日伪军守敌5000余人，击毙日本皇族水川伊夫中将、金腾少将，缴获许多汽车、武器和弹药，一举光复了五原城，这就是西北抗日战场驰名中外的"五原抗战"。

五原抗战中，中国军队阵亡将士679人，傅作义下令为英灵修建公墓。1942年，在五原县城北（五原旧城东）建立了烈士公墓陵园和烈士纪念碑，以纪念五原战役中为国捐躯的抗战烈士。1944年根据五原民众的意愿，由绥远省政府拨款对烈士公墓进行修缮。1955年"文革"时期，纪念碑和灵堂被拆毁。2007年五原县政府集资重建烈士陵园，2007年4月3日建成。

烈士陵园由纪念碑牌楼、纪念墙和墓冢组成。陵园占地面积6000平方米。

一人一墓一碑，碑上记烈士生平。纪念碑高12米，碑阳镌刻傅作义题"抗日阵亡将士墓地纪念"。现存的纪念碑为2007年所新建。

五原抗战打破了敌人宣扬的"皇军不可战胜"的神话，给予侵略者以毁灭性的打击，不仅打垮了敌人的精神意志，而且证明了劣势装备的我军能够打败优势装备的日军，并进一步证明了日寇侵华非正义战争必败和我军抗日正义战争必胜的真理。

五原抗日烈士陵园（南—北）

五原抗日烈士陵园牌楼、纪念碑

‖78‖ 乌拉特中旗乌布浪口抗日烈士陵园 —

撰稿：方月　冯吉祥
摄影：刘斌

内蒙古自治区重点文物保护单位。

位于乌拉特中旗德岭山镇灯塔村乌布浪口西侧的向阳坡地，是乌布浪口战役牺牲战士的埋葬地。现周边仍可见与此次战役相关的炮台、兵营等遗迹。

1940年1月30日，日军第26师团黑田重德师团长率日伪军2万余人，出动汽车数百辆，配备飞机12架，还有坦克和大炮，分兵两路进犯河套。乌镇、四义堂、乌布浪口一线，由国民党傅作义配属的马鸿宾八十一军马腾蛟三十五师防守。八十一军被当地蒙古牧民称为"西回军"，是一支来自宁夏的回族军队。1月31日下午，日军北路部队向乌布浪口守军猛烈攻击。马腾蛟部队守军凭借防守工事，迎击敌人，入夜停战。2月1日，日伪军在猛烈炮火和坦克掩护下，继续向守军阵地发起进攻，守军208团伤亡较重。由于205团和206团及时增援，重新夺回前沿失守阵地。2月2日，双方继续激战。守军官兵英勇反击，近战肉搏，双方伤亡惨重。战事结束后，当地老百姓主动掩埋阵亡烈士遗骸，随后傅作义率部反攻，夺回失地，并于清明时节，在乌布浪口为阵亡官兵选址的墓地之处，召开了悼念抗日阵亡将士大会，收得140余位烈士遗体，举行安葬仪式，以告慰烈士英灵。

公墓依山而筑，呈长方形，占地面积约800平方米。墓地四周围以石墙。墓穴呈南北走向，坟墓上面堆垒石头，每座墓前立有一乌镇砖窑烧制的青砖碑刻，刻有烈士部队番号、职务、姓名，部分还注明籍贯。

1995年，乌布浪口烈士公墓更名为乌布浪口烈士陵园。2003年，乌拉特中旗人民政府对烈士陵园进行了修缮，并将其列为爱国主义教育基地。修缮后陵园占地面积5000平方米，由烈士墓地，纪念广场，周边绿化带组成。纪念广场正中修建了抗日英雄纪念碑，刻书"抗日民族英雄永垂不朽"。四周围以汉白玉栏杆，纪念碑两侧各立一座汉白玉浮雕照壁，正面雕出战士奋战杀敌的场景，背后刻以文字介绍。烈士坟冢由积石冢改为白色砖砌长方形坟冢，共12排，12列，周围砌为白色矮砖墙。陵园整体以白为主色调，庄严肃穆。

陵园全景（北—南）

烈士陵园（南—北）

‖79‖ 杭锦后旗奋斗中学旧址

撰稿：宋国栋　张争锐
摄影：张争锐　周晓黎

内蒙古自治区重点文物保护单位。

位于杭锦后旗陕坝镇奋斗街北侧，四周均为居民住宅区。陕坝镇地处河套冲击平原的腹地，是杭锦后旗的旗政府所在地，奋斗中学是陕坝镇的城市名片之一。

奋斗中学占地总面积为151369平方米，总建筑面积38484平方米。有校史陈列室一排，并有傅作义先生当时栽种的五苗柳树。

1942年5月4日，抗日爱国将领傅作义将军发起了筹办奋斗中学的倡导。8月11日，在绥西陕坝租借了十几间房屋作为临时校舍。8月20日召开首次校董事会议，共推傅作义先生为董事长兼校长，并制定办校原则。1943年奋斗中学扩建小学，并集资兴建校舍，成为奋斗中学正式校址。1944年获绥远教育厅立案并教育部备案，至此奋斗中、小学创始程序始告完成。

奋斗中学旧址

抗战胜利后，学校随军东迁至归绥、张家口、北平等地。1948年底复迁回陕坝。1952年陕坝奋斗中学与私立的普爱中学、陕坝师范中学班合并，统一由国家接办定名为"陕坝中学"。1958年陕坝中学改名为"杭锦后旗中学"，同年10月被确定为自治区重点中学。1961年更名为"杭锦后旗第一中学"，成为区、盟、旗三级重点中学。1989年恢复"奋斗中学"校名。奋斗中学有着70多年辉煌历史和光荣传统，敦品励学，办学水平堪称一流，现已成为内蒙古自治区示范性高中。

奋斗中学的创建为后来的学校发展壮大打下了坚实的基础。奋斗中学一直都是爱国主义教育和人才培养的重要基地。经过六十多年的发展，现已是内蒙古自治区爱国主义教育基地，内蒙古自治区"教育先进集体"、"内蒙古自治区示范性普通高级中学"、"2005年全国百强中学"。

奋斗中学校史陈列馆

傅作义将军雕像

‖80‖ 杭锦后旗解放闸

撰稿：李权　张争锐
摄影：张争锐　周晓黎

杭锦后旗重点文物保护单位。

位于杭锦后旗头道桥镇三角城村，是河套地区20世纪50年代修建的大型水利枢纽工程之一，原名黄杨闸。其西为包兰铁路，东为防洪堤，北为中粮储备库，南为黄河。

1949年以前，国民党绥远省政府决定在头道桥镇三角城村西南3公里处修建黄杨闸，以此解决黄济渠、杨家河、乌拉河多年来引水难的问题。当时为了修建黄杨闸动用了750万斤柴草。闸身长3.5米，闸孔宽10米。用柴草混合铺底，再以37根松木大梁压底，然后两岸构筑码头。草闸竣工后，因设计缺陷和工程质量问题，一放水即被冲毁。此后国民党政府又计划在闸下400米处另建新闸，但因缺乏资金，加上对超大型工程的设计仍未过关，新闸的建设从筹备到施工历时14年，到1949年被迫停工时，黄杨闸工程只挖了两个基坑。

新中国成立后，将黄杨闸闸址移到旧基坑西南2公里处，东距黄河3公里，南距黄河10公里，北距陕坝50公里。1950年，新黄杨闸工程正式开工，参加施工的干部、民工近万人。此项工程共投资334万元。经过两年的艰苦劳动，共完成土方360多万立方米，浇筑混凝土8000立方米，用工日138万个，于1952年正式竣工，开闸放水，黄杨闸改称解放闸。

解放闸是河套灌区建成的第一座现代化钢筋混凝土水利工程，基坑呈不规则椭圆形，直径150米，规模较大。解放闸解决了黄济渠等引水问题，基本上结束了因引水而造成的多灾多难，灌域的灌溉史终于翻开了崭新的一页。国民党建了十几年都没有建成的黄杨闸，共产党领导下的广

大人民群众用两年的时间建成堪称奇迹。当时民间传唱的"人多力量大，建起黄杨闸"，歌颂的就是而共产党领导广大群众创造这一奇迹的历史事实。新、旧黄杨闸有着这样两重天的经历，具有非凡的历史纪念意义，其对于研究河套地区水利灌溉事业的发展也具有重要价值。

解放闸全景（南—北）

解放闸远景（北—南）

‖81‖ 杭锦后旗三道桥粮库苏式仓及土圆仓

撰稿：王建伟　周晓黎
摄影：张争锐　周晓黎

杭锦后旗重点文物保护单位。

位于杭锦后旗三道桥镇杨家河西500米公路路北、镇政府西侧1公里处的和平村。三道桥镇是1950年成立的米仓县政府所在地，是当时的政治、经济、教育中心。

1950年，米仓县政府设立县粮库，1953年建立县粮食局。苏式仓建于1957年，砖木结构，马脊梁房，是苏联设计员设计图纸、苏联技术员指导江苏工匠建造的苏式粮仓。此粮仓东西41、南北23、房高10米，保存相当完整。粮仓所选用墙砖是当时最好的手工砖，滴水瓦上雕刻有虎头。墙体厚65厘米，比一般建筑物的墙要厚，保温好，冬暖夏凉，储存粮食基本没有坏的。

土圆仓建于20世纪六七十年代，五个尖顶仓位于苏式仓的东北方向，其余两个尖顶仓和四个平顶仓位于苏式仓的正北面。土圆仓散存取代了地窖散存，是当时比较先进的储粮方法。土圆仓非常坚固，它是在石头砌的根基上用手工将竹苽裹上红泥一层层刷出来，外面再抹上泥，这种土圆仓不容易破损，抗震功能强。

三道桥粮库苏式仓建筑结构较为独特，储存效果较为优良，而且是中苏建交时期的产物，具有很强的时代特点，有一定的纪念意义。土圆仓是20世纪六七十年代储存粮食比较先进的储存仓房，且建造方法独特，极具较强的地方特色。

土圆仓全景（东—西）

三道桥粮库苏式仓全景（北—南）

‖82‖ 磴口县三盛公黄河铁桥

撰稿：唐彩霞　王浩
摄影：李建新

巴彦淖尔市重点文物保护单位。

位于磴口县巴彦高勒镇南粮台村东南2公里，处于巴彦淖尔市与鄂尔多斯市的交界地带，西属磴口县，东为杭锦旗巴拉贡镇。桥东有守桥部队营房，桥西有哨所等建筑，南距沈乌闸约300米。桥体横跨黄河，这里是磴口县与鄂尔多斯杭锦旗相接的黄河上游干流，四周为黄河及河滩地。

三盛公黄河铁桥修建于1958年，全长628.5米，宽5米，共有13个桥墩，为钢架、水泥混建，是包兰铁路的必经通道。铁桥保存现状良好，现仍在正常使用中。

三盛公黄河铁桥对沟通华北与西北、加速西北地区经济和各项社会事业的发展起到一定的促进作用。

铁桥全景（南—北）

铁桥西端（西—东）

▏83▕ 磴口县三盛公水利枢纽

撰稿：史静慧　冯吉祥
摄影：李建新

巴彦淖尔市重点文物保护单位。

位于磴口县巴彦高勒镇温家疙都村东1公里处，是1959年修筑的引水灌溉水利工程。拦河闸横跨黄河，这里是磴口县与鄂尔多斯杭锦旗相接的黄河干流，两岸多为河滩地与湿地湖泊，植被茂盛。闸东有一人工湖，西有同心锁景观，北2公里为水电站，南2公里为黄河铁桥，110国道横穿闸体。

黄河三盛公水利枢纽主体建筑包括拦河闸、北总干渠进水闸、拦河土坝，总面积31474平方米。拦河闸共18孔，闸身长325.8米。北干渠进水闸共9孔，闸身长105米。两闸以圆头相连。

黄河三盛公水利枢纽是内蒙古最大的引水灌溉工程，是全国三个特大型灌区——内蒙古河套灌区的引水龙头工程，目前灌溉面积870万亩。三盛公水利枢纽是黄河流域唯一的以灌溉为主的一首制引水大型平原闸坝工程，工程造型别致，宏伟壮观，气势磅礴，堪称"万里黄河第一闸"。枢纽工程运行40多年来，在农业灌溉、防凌防汛、工业用水、水力发电及交通运输等方面都产生了巨大的社会效益和经济效益。其保存状况良好，现已开发为著名水利景区。

三盛公水利枢纽全景（东—西）

进水闸闸首（西—东）

两闸相连处转角建筑

附 录

附 录 目录

表一　巴彦淖尔市全国重点文物保护单位名单

序号	公布名称与单体名称		时代	公布批次	所在旗县（区）
1	长城	（1）战国赵北长城	战国　秦　汉	第五批	乌拉特前旗 乌拉特中旗 乌拉特后旗 磴口县
		（2）秦汉长城			
		（3）汉外长城			
2	阴山岩画	（1）大坝沟岩画 （大坝口岩画）	新石器时代 青铜时代　战国 秦　汉　元 明　清	第六批	乌拉特前旗 乌拉特中旗 乌拉特后旗 磴口县
		（2）滴水沟岩画			
		（3）默勒赫图沟岩画			
		（4）格尔敖包沟岩画			
		（5）俊海勒斯太岩画			
		（6）巴日沟岩画			
		（7）阿贵沟岩画			
		（8）布都毛道沟岩画			
		（9）哈隆格乃沟岩画			
		（10）托林沟岩画			
		（11）乌斯太沟岩画			
		（12）浑迪沟岩画			
		（13）满达朝鲁岩画			

序号	公布名称与单体名称		时代	公布批次	所在旗县（区）
3	朔方郡遗址群	（1）临戎古城遗址及墓葬（补隆淖城址及墓群）	汉代	第六批	临河区　磴口县
		（2）窳浑古城遗址及墓葬（包尔陶勒盖城址及墓群）			
		（3）三封古城遗址及墓葬（沙金套海城址及墓群）			
		（4）黄羊木头城墓群			
		（5）八一城址			
4	沃野镇故城（根子场城址）		北魏	第六批	乌拉特前旗
5	新忽热古城址（新忽热城址）		汉　北朝　唐　宋　西夏　元	第七批	乌拉特中旗

注：括号内是本书更正遗址名，括号前为公布国保单位时用名。

# 表二　巴彦淖尔市自治区级重点文物保护单位名单

序号	公布名称与单体名称		时代	公布批次	所在旗县（区）
1	巴音满都呼恐龙化石区		白垩纪	第三批	乌拉特后旗
2	霍各乞铜矿古冶炼遗址（霍各乞铜矿遗址）		青铜时代	第三批	乌拉特后旗
3	石兰计城址		汉代	第四批	临河区
4	五原战役抗日烈士陵园（五原抗日烈士陵园）		近现代	第四批	五原县
5	沟心庙墓群		汉代	第四批	磴口县
6	巴音乌拉石板墓群		汉至唐	第四批	磴口县
7	宗乘寺（巴音乌拉阿贵庙）		清代	第四批	磴口县
8	三盛公天主教堂		近现代	第四批	磴口县
9	明安川遗址群	（1）六大股遗址	新石器时代 秦汉	第四批	乌拉特前旗
		（2）公忽洞遗址			
		（3）补拉城址			
		（4）三老虎沟城址			
10	大努气城址		汉代	第四批	乌拉特前旗
11	乌拉特前旗汉墓群	（1）沙脑包墓群	汉代	第四批	乌拉特前旗
		（2）朝阳墓群			
		（3）尤家圪堵墓群			
12	坝头古墓群	（1）王逆修墓	汉 唐	第四批	乌拉特前旗

序号	公布名称与单体名称		时代	公布批次	所在旗县（区）
13	德布斯尔庙		清代	第四批	乌拉特前旗
14	巴彦淖尔障城遗址群	（1）台郭勒障址	汉代	第四批	乌拉特中旗 乌拉特后旗
		（2）乌力吉高勒障址			
		（3）青库伦障址			
		（4）朝鲁库伦障址			
15	柳树泉墓群		汉代	第四批	乌拉特中旗
16	海流图西山祭祀遗址 （西山祭祀遗址）		隋唐　西夏	第四批	乌拉特中旗
17	乌布浪口石板墓群 （乌布浪口墓群）		隋唐	第四批	乌拉特中旗
18	奋斗城址		唐代	第四批	乌拉特中旗
19	千里庙		清代	第四批	乌拉特中旗
20	乌布浪口抗日烈士陵园		近现代	第四批	乌拉特中旗
21	达拉盖沟石板墓群 （达拉盖沟墓群）		隋唐	第四批	乌拉特后旗
22	哈日赤鲁庙（哈日朝鲁庙）		清代	第四批	乌拉特后旗
23	乌力吉图庙		清代	第四批	乌拉特后旗
24	奋斗中学旧址		近现代	第四批	杭锦后旗

表三　巴彦淖尔市市县级重点文物保护单位名单

序号	公布名称与单体名称	时代	保护级别及批次	所在旗县（区）
1	班禅召	清代	市级　第一批	临河区
2	清真北寺	清代	市级　第一批	临河区
3	甘露寺	清代 （现代）	市级　第一批	临河区
4	万字会堂	近现代	市级　第一批	五原县
5	冯玉祥五原誓师会址	近现代	市级　第一批	五原县
6	沟心庙汉代聚落遗址	汉代	市级　第一批	磴口县
7	汉代墓实验局二分场汉墓群	汉代	市级　第一批	磴口县
8	三盛公粮库	现代	市级　第一批	磴口县
9	黄河三盛公水利枢纽 （三盛公水利枢纽）	现代	市级　第一批	磴口县
10	三盛公黄河铁桥	现代	市级　第一批	磴口县
11	三顶帐房古城遗址 （三顶账房城址及墓群）	战国　秦汉	市级　第一批	乌拉特前旗
12	堡子湾城址	汉代	市级　第一批	乌拉特前旗
13	城二壕城址 （城二壕古城）	汉代	市级　第一批	乌拉特前旗
14	大佘太古城	汉代	市级　第一批	乌拉特前旗
15	西山嘴遗址 （卧羊台古遗址）	汉代	市级　第一批	乌拉特前旗
16	张连喜店城址 （张连喜店障址）	汉代	市级　第一批	乌拉特前旗

序号	公布名称与单体名称	时代	保护级别及批次	所在旗县（区）
17	大佘太古墓群	汉代	市级　第一批	乌拉特前旗
18	公庙子古墓群（公庙子墓群）	汉代	市级　第一批	乌拉特前旗
19	白彦花小庙子（乌日图高勒庙）	清代	市级　第一批	乌拉特前旗
20	恐龙足迹化石遗址	侏罗纪	市级　第一批	乌拉特中旗
21	巴音哈太一队古生物化石区	古生代白垩纪晚期	市级　第一批	乌拉特中旗
22	朝忽拉尔陶勒盖石器遗址（其呼勒石器遗址）	新石器时代	市级　第一批	乌拉特中旗
23	西山哈日楚鲁匈奴墓葬遗址	秦汉	市级　第一批	乌拉特中旗
24	杭盖戈壁突厥石人墓遗址	隋唐	市级　第一批	乌拉特中旗
25	温根沟口石板墓群遗址	隋唐	市级　第一批	乌拉特中旗
26	东五队石板墓群遗址	隋唐	市级　第一批	乌拉特中旗
27	温根乌兰敖包石板墓	隋唐	市级　第一批	乌拉特中旗
28	哈太石板墓葬群遗址	隋唐	市级　第一批	乌拉特中旗
29	西山石板墓遗址	隋唐	市级　第一批	乌拉特中旗
30	西五队包汗图石板墓群遗址	隋唐	市级　第一批	乌拉特中旗
31	巴音杭盖千年古榆	宋元	市级　第一批	乌拉特中旗
32	哈日楚鲁人居遗址	蒙元至清	市级　第一批	乌拉特中旗
33	巴特尔敖包	清代	市级　第一批	乌拉特中旗
34	希热庙遗址（希热庙）	清代	市级　第一批	乌拉特中旗

序号	公布名称与单体名称	时代	保护级别及批次	所在旗县（区）
35	狼山石刻	清代	市级　第一批	乌拉特中旗
36	乌布浪口抗日驻军遗址	近现代	市级　第一批	乌拉特中旗
37	新忽热芒很敖包	近现代	市级　第一批	乌拉特中旗
38	西五队包汗图敖包	近现代	市级　第一批	乌拉特中旗
39	文更西王爷府遗址	近代	市级　第一批	乌拉特中旗
40	海流图巴仁忽都格水库遗址	现代	市级　第一批	乌拉特中旗
41	乌兰呼舒城址	汉代	市级　第一批	乌拉特后旗
42	乌盖城址	汉代	市级　第一批	乌拉特后旗
43	欧布乞墓群	唐代	市级　第一批	乌拉特后旗
44	温都尔墓群（布尔汗山墓群）	唐代	市级　第一批	乌拉特后旗
45	萨茹拉墓群	唐代	市级　第一批	乌拉特后旗
46	脑音乌拉石城遗址	西夏	市级　第一批	乌拉特后旗
47	哈那图敖包	清代	市级　第一批	乌拉特后旗
48	哈日楚鲁敖包	清代	市级　第一批	乌拉特后旗
49	太阳庙址	清代	市级　第一批	乌拉特后旗
50	玻璃庙址	清代	市级　第一批	乌拉特后旗
51	本巴图庙	清代	市级　第一批	乌拉特后旗
52	三道桥镇古胡杨林	明代	市级　第一批	杭锦后旗

序号	公布名称与单体名称	时代	保护级别及批次	所在旗县（区）
53	小召先锋古胡杨	600–800年前	市级　第一批	杭锦后旗
54	陕坝镇晨丰二社古红柳树	140年前	市级　第一批	杭锦后旗
55	蛮会天主堂	近代	市级　第一批	杭锦后旗
56	陕坝镇小转盘南西马路联合西巷62号古民居	近代	市级　第一批	杭锦后旗
57	陕坝原子渠清真寺	近代	市级　第一批	杭锦后旗
58	红星宝莲寺	近代	市级　第一批	杭锦后旗
59	陕坝镇小转盘南路铁匠巷113号古民居	近代	市级　第一批	杭锦后旗
60	查干甲一石桥	近代	市级　第一批	杭锦后旗
61	陕坝镇清真大寺（陕坝清真大寺）	现代	市级　第一批	杭锦后旗
62	米仓县政府旧址	现代	市级　第一批	杭锦后旗
63	原子渠分水闸	现代	市级　第一批	杭锦后旗
64	北方第一窖	现代	市级　第一批	杭锦后旗
65	公主泉	现代	市级　第一批	杭锦后旗
66	南渠清真寺	现代	市级　第一批	杭锦后旗
67	慈光寺	现代	市级　第一批	杭锦后旗
68	陕坝镇天主堂（陕坝天主堂）	现代	市级　第一批	杭锦后旗
69	杭锦后旗机械厂	现代	市级　第一批	杭锦后旗
70	查干甲一村木瓜树（甲登巴庙遗址）	现代	市级　第一批	杭锦后旗

序号	公布名称与单体名称	时代	保护级别及批次	所在旗县（区）
71	毛泽东主席雕像	现代	市级 第一批	杭锦后旗
72	五分桥古城遗址	汉代	县级 第一批	五原县
73	红珠热电厂古遗址	汉代	县级 第一批	五原县
74	拉僧庙遗址	清代	县级 第一批	五原县
75	四大股庙遗址	清代	县级 第一批	五原县
76	宝圪岱庙遗址	清代	县级 第一批	五原县
77	沙呼儿庙遗址	清代	县级 第一批	五原县
78	锦旗敖包	清代	县级 第一批	五原县
79	四闸（二黄河）	近现代	县级 第一批	五原县
80	五原县电影院旧址	近现代	县级 第一批	五原县
81	五原县第一中学	近现代	县级 第一批	五原县
82	清真大寺	近现代	县级 第一批	五原县
83	神树	近现代	县级 第一批	五原县
84	基督教堂	近现代	县级 第一批	五原县
85	五原基督教堂	近现代	县级 第一批	五原县
86	五原化肥厂旧址	近现代	县级 第一批	五原县
87	五原县玻璃厂旧址	近现代	县级 第一批	五原县
88	五原县第一小学	民国	县级 第一批	五原县

序号	公布名称与单体名称	时代	保护级别及批次	所在旗县（区）
89	王同春墓遗址	民国	县级　第一批	五原县
90	清真寺遗址	民国	县级　第一批	五原县
91	哈腾套海古墓群	汉代	县级　第一批	磴口县
92	布都毛道城址	汉代	县级　第二批	磴口县
93	小观井北古墓群	汉代	县级　第三批	磴口县
94	小观井古墓群	汉代	县级　第三批	磴口县
95	好来宝古墓群	汉代	县级　第三批	磴口县
96	桃来古墓群	汉代	县级　第三批	磴口县
97	乌兰敖包	清代	县级　第三批	磴口县
98	补隆淖敖包	清代	县级　第三批	磴口县
99	苏木图庙址	清代	县级　第三批	磴口县
100	一团团部旧址	现代	县级　第三批	磴口县
101	三团七连旧址	现代	县级　第三批	磴口县
102	布都毛道沟备战工事旧址	现代	县级　第三批	磴口县
103	团结幸福桥	现代	县级　第三批	磴口县
104	二团团部旧址	现代	县级　第三批	磴口县
105	知青井	现代	县级　第三批	磴口县
106	长胜东湾小学革命遗址	近现代	县级　第一批	乌拉特前旗

序号	公布名称与单体名称	时代	保护级别及批次	所在旗县（区）
107	小佘太岩画	青铜时代	县级　第二批	乌拉特前旗
108	大佘太岩画	青铜时代	县级　第二批	乌拉特前旗
109	城圪台古城址（城圪台城址）	汉代	县级　第二批	乌拉特前旗
110	堡子湾古墓群	汉代	县级　第二批	乌拉特前旗
111	天德郡城（天德军城）	唐代	县级　第二批	乌拉特前旗
112	大佘太土城	民国	县级　第二批	乌拉特前旗
113	海流斯太石棺墓群	东周　秦 汉　隋　唐	县级　第三批	乌拉特前旗
114	东哈拉汗北石城	战国 秦　汉	县级　第三批	乌拉特前旗
115	小召门梁古城 （小召门梁城址）	汉代	县级　第三批	乌拉特前旗
116	塔汗其大坝沟石棺墓群	汉　隋　唐	县级　第三批	乌拉特前旗
117	东大沟石棺墓群	隋　唐	县级　第三批	乌拉特前旗
118	哈拉汗沟石人墓	隋　唐	县级　第三批	乌拉特前旗
119	麻圪奈古城（麻圪奈城址）	西夏	县级　第三批	乌拉特前旗
120	沙德格沟摩崖石刻	清代	县级　第三批	乌拉特前旗
121	乌兰布拉格敖包	清代	县级　第三批	乌拉特前旗
122	恩克巴雅尔墓	近现代	县级　第三批	乌拉特前旗
123	阿日古城	汉代	县级　第二批	乌拉特中旗
124	海力素石障城	汉代	县级　第二批	乌拉特中旗

序号	公布名称与单体名称	时代	保护级别及批次	所在旗县（区）
125	红格尔城障	汉代	县级　第二批	乌拉特中旗
126	阿日忽都格古城	汉　西夏	县级　第二批	乌拉特中旗
127	马鬃山石板墓群	隋　唐	县级　第二批	乌拉特中旗
128	乌兰红光石人墓	隋　唐	县级　第二批	乌拉特中旗
129	海川路石板墓群	隋　唐	县级　第二批	乌拉特中旗
130	岩画石板墓	隋　唐	县级　第二批	乌拉特中旗
131	戈登敖包	清代	县级　第二批	乌拉特中旗
132	西格日楚鲁拴马桩	清代	县级　第二批	乌拉特中旗
133	补子湾古城堡	清代	县级　第二批	乌拉特中旗
134	哈太庙	清代	县级　第二批	乌拉特中旗
135	乌兰脑包烂营盘	民国	县级　第二批	乌拉特中旗
136	乌布浪口抗日军事设施遗址	近现代	县级　第二批	乌拉特中旗
137	巴音哈太近代宗教岩刻	近代	县级　第二批	乌拉特中旗
138	窑子土城堡	民国	县级　第二批	乌拉特中旗
139	黑什胡军事设施	民国	县级　第二批	乌拉特中旗
140	宝格达王爷府旧址	民国	县级　第二批	乌拉特中旗
141	西公旗王爷坟陵园 （东公旗王公陵园）	现代	县级　第二批	乌拉特中旗
142	挪二六社古墓群	汉代	县级　第三批	杭锦后旗

序号	公布名称与单体名称	时代	保护级别及批次	所在旗县（区）
143	黄杨闸基坑旧址	近现代	县级　第三批	杭锦后旗
144	南渠交通七社古树	近现代	县级　第三批	杭锦后旗
145	大发公天主堂	近现代	县级　第三批	杭锦后旗
146	黄济渠旧河槽	1906年	县级　第三批	杭锦后旗
147	杨家河旧河槽	1917年	县级　第三批	杭锦后旗
148	黄杨闸引水码头工程遗迹	现代	县级　第三批	杭锦后旗
149	先进四社桥	现代	县级　第三批	杭锦后旗
150	太阳庙农场场部	现代	县级　第三批	杭锦后旗
151	双庙镇粮食土圆仓	现代	县级　第三批	杭锦后旗
152	三道桥粮库苏氏仓及土圆仓	现代	县级　第三批	杭锦后旗
153	陕坝城西清真寺	1940年	县级　第三批	杭锦后旗
154	解放闸	1950年	县级　第三批	杭锦后旗
155	永胜供销合作社第一商店	1951年	县级　第三批	杭锦后旗
156	三道桥供销社	1953年	县级　第三批	杭锦后旗
157	杨家河第一节制闸	1967年	县级　第三批	杭锦后旗

注：括号内为本书用名，括号前为划定保护单位时用名。

后记

　　《巴彦淖尔文化遗产》是由内蒙古自治区文物考古研究所组织编撰的《内蒙古文化遗产丛书》之一，将巴彦淖尔地区较具代表性的物质文化遗产汇辑成册，向世人展现巴彦淖尔盟悠久浑厚的文化底蕴，诠释河套文化以及草原文化内涵的博大精深。全书基本按时代序列，分为新石器时代、青铜时代、战国秦汉时期、魏晋北朝时期、隋唐时期、西夏元时期、明清时期、近现代等八个时期。在每个时代，将遗存按古遗址、古墓葬、古建筑、石窟寺及石刻岩画、其他等类别依次进行简介。因秦汉时期诸多城址周边分布有城内居民墓葬区，为了方便读者全面了解故合为一处进行介绍。

　　本书介绍的不可移动文物点共有83处，以全国重点文物保护单位、内蒙古自治区重点文物保护单位以及部分市县级重点文物保护单位为重点，适当加入了部分未定级但较为典型、具有一定代表性的重要遗存。这些遗存的介绍，涉及文物遗址的基本状况、工作与研究概况、遗存价值等内容，并配有遗址本体及出土文物照片等，图文并茂，以使读者能够较为翔实地了解巴彦淖尔地区的物质文化遗产和历史沿革，了解文物考古工作者数十年来为自治区文物考古事业的发展付出的艰辛和取得的丰硕成果，并为内蒙古自治区文物考古研究所成立60周年献礼。

　　本书为系列丛书之一，资料来源主要为新中国以来开展的三次不可移动文物普查资料、内蒙古自治区文物考古研究所历年来的考古调查与发掘成果、巴彦淖尔市各级文物单位的考古调查与发掘成果、全国长城资源调查资料以及相关专家学者的研究成果等。本书综述由张红星撰写，其他文字编撰主要由李倩、郑龙龙、张红星完成，此外，张文惠、史静慧、李权、王建伟、宋国栋、马婧、萨仁毕力格、方月、冯吉祥、唐彩霞、张煜鹏、胡延春、李建新、王浩、胡怀峰、刘斌、霍建国、周晓黎、王琳、李少飞、彭凤英、程建蒙、萨日娜、包文亮、张争锐、菅强等也参与了部分文字的撰写或资料搜集、图片扫描、文字校对等工作。张红星对本书内容做了统稿，陈永志最后审核定稿。在编写作过程中，巴彦淖尔文物局胡延春局长提供了大量资料并拨冗审稿把关，内蒙古自治区文物考古研究所岳够明、张亚强、七十四等亦提供了相关资料及照片，使本书内容更为丰实，在此一并致谢。

本书承蒙内蒙古自治区党委常委、宣传部乌兰部长撰写了序言，在此表示由衷的敬意与诚挚的感谢！

鉴于笔者的学识和水平所限，书中难免有错讹及不足之处，敬请读者、方家批评指正。

编者

2014年4月17日